육체 주변에 있는 미묘한 에너지 장에서 힐링이 일어난다.

Practical Psychic Self-Defense for Home and Office
by Choa Kok Sui

마음 공격에서 나를 보호하라

1판 1쇄 인쇄일 2015년 12월 17일 | 1판 1쇄 발행일 2015년 12월 24일 | 지은이_ 조곡쉬 | 옮긴이_ 서강익 | 펴낸이_ 류희남 | 편집장_ 권미경 | 펴낸곳_ 물병자리 | 출판등록일(번호) | 1997년 4월 14일(제2-2160호) | 주소_ 03173 서울시 종로구 새문안로 5가길 11, 801호 | 대표전화_ (02) 735-8160 팩스 | (02) 735-8161 | e-mail_ aquari@aquariuspub.com | 홈페이지_ www.aquariuspub.com | ISBN_ 978-89-94803-34-0 03320

이 도서의 국립중앙도서관 출판사도서목록(CIP)은 서지정보유통지원시스템 홈페이지(http://seoji.nl.go.kr)와 국가자료공동목록시스템(http://www.nl.go.kr/kolisnet)에서 이용하실 수 있습니다.(CIP제어번호: CIP2015033877)

| 당신의 오라 강화 매뉴얼 |

마음 공격에서 나를 보호하라

Practical Psychic
Self-Defense

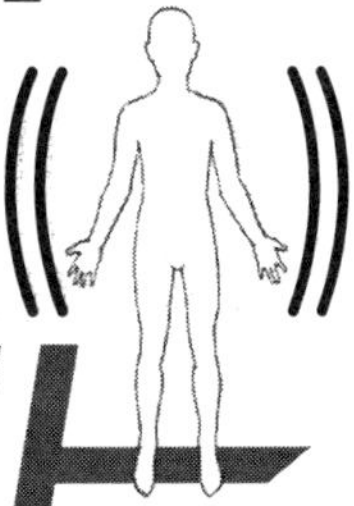

조곡쉬 지음 | **서강익** 옮김

물병자리

차례

2장
보이지 않는 공격으로부터 자신을 보호하는 오라 닫기와 강화법

4장

고급 테크닉

6장

부정적인 에너지 바로잡기

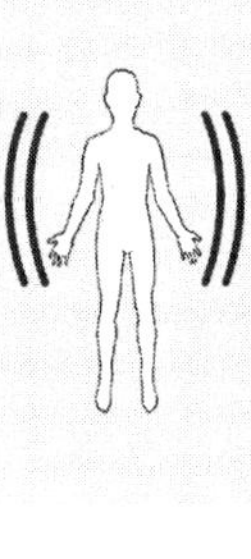

역자 서문

이 책의 주된 내용은 마음 공격(psychic attack, 육체와 물질이 아닌 에너지 차원에서 해를 입힐 목적으로 상대에게 에너지를 보냄으로써 마음 · 감정 · 영적 에너지 차원에서 문제를 발생시킨다. 이러한 공격은 의도적인 경우도 있으며, 의도하지 않은 경우에도 많이 일어난다)에 대한 자기 방어 테크닉을 설명하고 있다.

만약 자식은 화가가 되고 싶어 하는데 부모는 의사가 되어야 한다며 의대를 가라고 한다면, 이것은 일종의 마음 공격이다. 왜냐하면 부모의 생각이 아스트랄 차원에서 아이의 결정에 영향을 미치게끔 조정하기 때문이다. 또는 사람들은 종종 타인에게 악의를 가지는 경우가 있는데, 사업이 망하거나 직장을 잃거나 인간관계가 나빠지거나 불행해지기를 바란다. 이러한 악의 또는 나쁜 저주는 또 다른 형태의 마음 공격이다.

당신이 직장에서 몇 년째 진급을 못하고 있는데 친구가 승진을 했다. 이에 대해 당신은 부정적인 생각을 가질 수 있는데, 이 역시 마음 공격이다. 오랜만에 여고 동창회에 나갔는데 자신이 새로 산 똑같은 옷을 친구가 입고 있다. 그러면 그 친구가 밉다. 나보다 어린 상사가 집안까지 부유해 그를 볼 때마다 얄미운 마음이 든다. 정년을 앞둔 자신은 아직 정년 후를 계획하지 못한 채 직장생활을 이어나가는 중인데 동료가 새 사업을 시작했다. 이때 겉으로는 축하한다는 말을 하지만 동료의 사업이 망하기를 바란다. 이러한 모든 것이 마음 공격의 일종이다.

싫어하는 사람에게 나쁜 말을 하는 경우도 마찬가지다. 그런가 하면 얼굴도 모르는 누군가가 자신의 주차 자리에 차를 대놓으면 욕을 한다. 경제를 살리지 못하는 정치인들, 국회의원들을 보면 울화가 치밀어 속으로 욕을 퍼부어댄다. 애가 아파 병원에 갔는데, 의사가 휴가 중이라 문을 닫았다. 의사를 욕한다. 이렇게 마음 공격은 다양한 모습으로 우리 주변에 널려 있다.

또 다른 형태의 마음 공격은 타인을 조정하려는 의도다. 많은 사람이 친구, 연인, 직장 동료 등의 마음을 조정하고 싶어 한다. 그러나 그것은 타인의 자유의지를 침해하는 것이므로 잘못된 것이다. 타인을 조정하려 할 때는 부정적인 에너지를 보내게 되며, 그 부정적 에너지는 자신에게도 쌓이게 된다.

마음 공격의 극단적인 예로 저주를 목적으로 인형에 바늘을 꽂는 등의 행위를 영화나 세계사 책 등에서 볼 수가 있는데, 이는 인형을 통해서 상대에게 해를 가하는 것이다. 그 결과 자신이 에너지 역시 고갈되고 나쁜 생각과 감정에 빠지며 운수가 나쁘게 된다.

에너지 차원에서 보면 해로운 에너지를 보내 육체적인 손상을 입힐 수도 있다. 악의를 가지고 상대의 신체 일부에 에너지를 보내면, 가령 뇌에 보내 뇌세포를 파괴하고 눈에 보내 시신경을 손상시킬 수 있고 심하면 낙태에 이르게 할 수도 있다. 레이키(reiki), 프라닉 힐링(pranic healing) 같은 에너지 힐링을 해본 사람은 마음 에너지의 사용이 사람을 좋아지게도 하지만, 나쁜 의도를 가지면 해를 끼칠 수 있다는 것을 경험해 보았을 것이다.

이처럼 여러 형태의 마음 공격이 있다. 그렇다면 이러한 공격을 측정할 수는 없을까? 아직까지 마음 공격을 과학적으로 측정할 수 있는 방법은 없다. 하지만 감각을 조금만 사용한다면 느껴볼 수 있다. 이 책에 나와 있는 방법대로 손을 민감하게 만든 뒤 상대방에게 마음 공격을 하고 오라를 점검해보면 그 크기가 현저하게 줄어든 것을 알 수 있다. 목적하는 상대에게 미워하는 마음을 갖거나 바보, 멍청이라는 상념을 보내면 오라가 위축되는 것을 감지할 수 있다. 한 명이 아니라 여러 명이 동시에 나쁜 상념을 보내면 오라가 더 위축되는 것을 볼 수 있다.

우리는 의도하든 의도하지 않든 에너지 차원에서 남들에게 해를 입힐 수 있으며, 여기서 주의할 점은 당신이 내보낸 에너지와 똑같은 에너지가 당신에게 되돌아온다는 에너지 법칙을 명심해야 한다.

마음 공격을 받으면 다음과 같은 육체적 · 정신적 · 감정적 · 영적으로 나쁜 증상들이 나타날 수 있다.

- 설명할 수 없는 두려움이나 압박감
- 에너지가 갑자기 고갈되는(힘이 쭉 빠지는) 느낌
- 나쁜 냄새가 나거나 차갑게 느껴지는 장소
- 명확하고 논리적인 생각이 안 됨
- 이상한 사고의 발생
- 마음에 갑자기 원인을 알 수 없는 부정적인 것이 떠오름
- 의지와 상관없이 몸이 당겨지는 느낌
- 잠들기가 두려움
- 갑자기 찾아오는 심한 피로감
- 공격당하는 꿈(악몽)
- 벌레에 물리지 않았는데 깨물린 느낌
- 이유 없는 갑작스러운 우울함
- 혼자 있음에도 누군가가 보고 있다는 느낌
- 외견상으로 진행 중인 불행
- 누군가가 마음속으로 서서히 침입한다는 생각

이와 같은 증상이 있으면 누군가에게 마음 공격을 받고 있을 수가 있다. 이 책에 나와 있는 여러 테크닉들 중 자신에게 맞는 것을 선택하여 자신을 방어할 수 있다. 이 책에 실린 테크닉들은 쉽고 매우 간단하면서도, 실제로 사용해보면 확실한 효과를 확인할 수 있을 것이

다.

국내에는 에너지 차원의 공격에 대한 책을 찾아보기 힘들다. 이 책이 여러분들에게 에너지 차원을 이해하는 데 도움이 되고 실용적으로 사용되기를 기대해 본다.

2004년 미국 뉴저지에 아르하틱 요가(Arhatic Yoga)를 배우러 갔을 때 지금은 고인이 되신 조곡쉬 선생이 베풀어준 환대에 다시금 감사드리며 선생의 가르침이 널리 알려지기를 바란다. 가치 있는 책을 다시 한 번 출판해 주신 물병자리에 깊은 감사를 드리고자 한다.

서강익

마음 에너지에 대한 과학이 널리 보급되고 있으며, 특히 마음 에너지를 통한 힐링 분야는 더욱 그러하다. 이 책을 통해 자신을 보호하고, 내면의 가르침을 잘못 사용하는 사람들을 상대하는 방법을 설명하고자 한다.

이 책을 쓴 또 다른 이유는 삶의 질을 향상시키기 위해 일상의 에너지로부터 자신을 보호하는 테크닉을 널리 알리기 위해서다. 이 책에서 소개하는 테크닉들은 쉽고, 집과 사무실 등 어디에서든 바로 사용할 수 있다. 수천 년 동안 비밀로 간직되어온 많은 고대의 귀중한 가르침과 테크닉을 담았다. 비전(秘傳)을 배우는 사람이 개인적으로 연구해서 배우고자 하면 10~20년이나 그 이상 걸리는 것들이다. 그러한 시간을 단축시켜 줄 이 책을 통해 도움을 받기를 바란다.

무엇보다 이 책의 가르침과 테크닉을 다른 사람을 지배하거나 손상을 주기 위한 방법으로 오용하지 말아야 한다. 그것은 올바르지 않으며 그로 인한 카르마의 결과는 매우 심각하기 때문이다.

이 고대의 가르침이 내면의 과학에 대한 관심을 불붙게 하고 영적인 발전에 도움이 되기를 바란다.

사랑과 축복으로!

조곡쉬

"천인이 네 곁에서, 만인이 네 오른편에서 넘어지더라도
이 재앙이 네게 가까이 오지 못하리라다."

시편 91:7

1장

마음 에너지를 이용한 공격과 보호의 기본 개념과 원리

마음 에너지를 통한 자기 방어는 의도하거나 또는 의도하지 않은 마음 공격으로부터
자기 자신을 보호하는 과학인 동시에 기술이다.
이 책에 나와 있는 테크닉들은 배우기 쉽고 배운 즉시 바로 적용할 수 있다.

마음 에너지를 이용한 자기 방어

마음 에너지를 통한 자기 방어(Psychic Self-Defense)는 의도하거나 또는 의도하지 않은 마음 공격으로부터 자기 자신을 보호하는 과학인 동시에 기술이다. 이 책에 나와 있는 테크닉들은 배우기 쉽고 배운 즉시 바로 적용할 수 있다.

에너지 바디와 오라의 종류

에너지 차원의 자기 방어에 대한 메커니즘을 이해하기 위해서는 인간의 오라(aura)*를 아는 것이 중요하다. 오라란 무엇인가? 오라는 몸을

* 몸을 감싸고 빛을 발하는 인간의 오라 개념은 고대 이집트, 그리스 · 로마 시대부터 있어 왔다. 고대의 투시가들은 사람의 주변을 감싸고 있는 오라를 볼 수 있었고, 오라는 사람마다 색깔과 성질이 틀리고 그 사람의 건강 · 감정 · 영적 속성을 나타낸다. 영계를 탐구한 천재 과학자였던 스

둘러싸고 있는 에너지 장이다. 고대의 가르침에 따르면 에너지 바디에 따라 각각의 오라가 있다고 한다.

1. 제일 먼저 육체(physical body)

2. 육체 다음은 에테릭 바디(etheric body)나 바이오플라스믹 바디(bioplasmic body)라고 하는 에너지 바디(energy body)다. 에너지 바디는 육체에 스며들어 있는 동시에 육체 주변에 뻗쳐 있다.

육체에 에너지를 공급하거나 북돋워주는 매개체 역할을 한다. 육체의 거푸집이며 에테릭 오라라고 하는 오라를 가지고 있다.

3. 그 위로 이모셔널 바디(emotional body) 또는 아스트랄 바디(astral body)를 가지고 있다. 이들 오라를 감정 오라 혹은 아스트랄 오라라고 한다.

육체가 죽었을 때 영혼은 아스트랄 바디를 이용하여 계속 살아간다. 아스트랄 바디는 에테릭 바디보다 더 정묘하다.

4. 아스트랄 바디 다음은 멘탈 바디(mental body)다. 마음이나 지성의 매체다. 아스트랄 바디보다 더 정묘하고 멘탈 오라라고 하는 오라를 가지고 있다.

또 다른 정묘한 바디가 있지만 이 책에서는 이들 네 가지 바디에만 초점을 맞추었다.

웨덴보르그(Emanuel Swedenborg)는 그의 영적 일기에 "모든 사람과 자연의 육체를 가진 존재는 자신을 둘러싼 영적인 영역이 있다"고 썼다. –역주

생각과 감정은 서로 밀접하게 연결되어 있다. 그렇기 때문에 감정 없

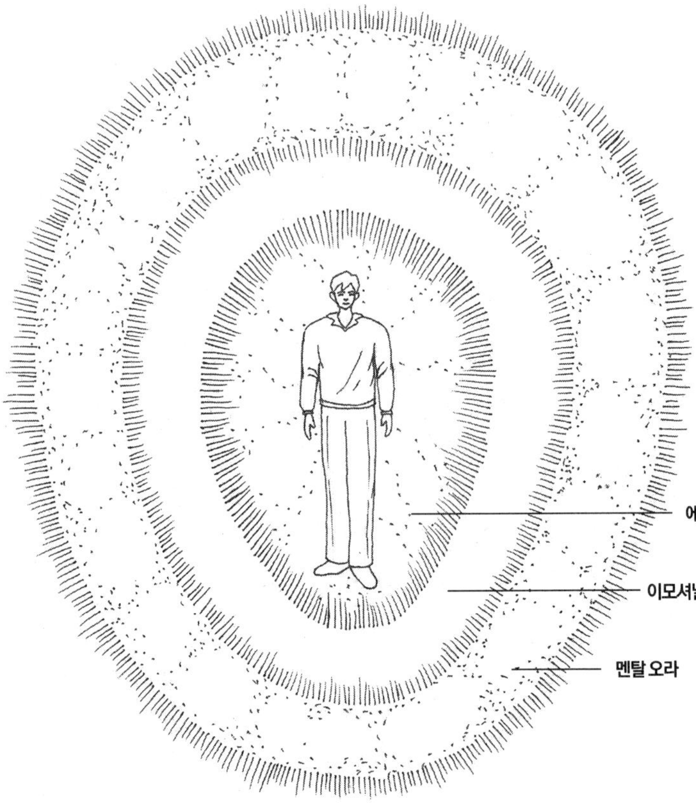

여러 층의 오라

생각과 감정이 만들어내는 에너지 장 : 상념체와 상념 방사장

생각과 감정은 서로 밀접하게 연결되어 있다. 그렇기 때문에 감정 없이 생각할 수 없고, 생각 없이 느낄 수 있는 일은 거의 없다. 이 책에

서 '생각'이라는 단어를 사용할 때는 단지 정신적 작용만을 의미하지는 않으며, 감정적인 처리과정을 수반한다.

생각하고 느끼는 과정 중에 과연 어떤 일이 일어날까? 투시가인 애니 베전트(Annie Besant)와 리드비터(C. W. Lead-beater)의 관찰과 고대의 가르침에 근거하면, 두 가지 현상이 일어난다고 한다.

첫째, 상념체(thought entity)를 만들어낸다. 상념체는 살아 있는 존재로 생각하는 과정에서 생성된다. 보통의 상념체는 매우 약하다. 왜냐하면 대부분의 사람들이 강력한 상념체를 생성하는 과학과 기술을 잘 모르고 있기 때문이다. 상념체의 생존기간은 매우 짧으며, 에테릭 바디, 아스트랄 바디, 멘탈 바디를 이루는 물질을 만들어진다.

이 때문에 멘탈 상념체, 아스트랄 상념체, 에테릭 상념체라고 하거나 단순히 상념체라고도 한다. 상념체를 비전의 용어로 '생각 형태(thought form)'라고도 하는데, 그 이유는 사람이 생각을 할 때 에너지 형태가 생성되기 때문이다.

생각 형태는 잘 형성될 수도 있고 애매하게 형성될 수도 있다. 생각이 더 명확할수록 생각 형태도 명확해진다. 생각의 과정이 흐리멍덩하면 생성된 형태가 희미하거나 애매하다.

상념체는 사람의 감정이나 생각에 따라 긍정적일 수도 있고 부정적일 수도 있다. 화는 부정적인 상념체를 만들어내는 반면, 동정심은 긍정적인 상념체를 만들어낸다. 간단하게 하기 위해 상념체와 생각 형태를 모두 '생각'이라는 단어를 사용한다.

사랑의 상념체

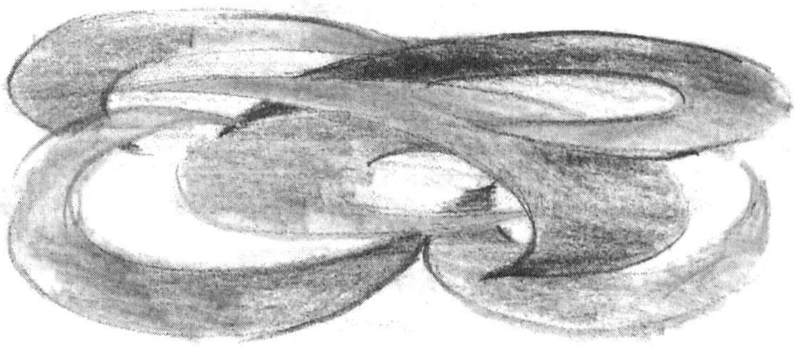

육체적 야심의 상념체

초조의 상념체

분노의 상념체

계획적인 지시를 주는 상념체

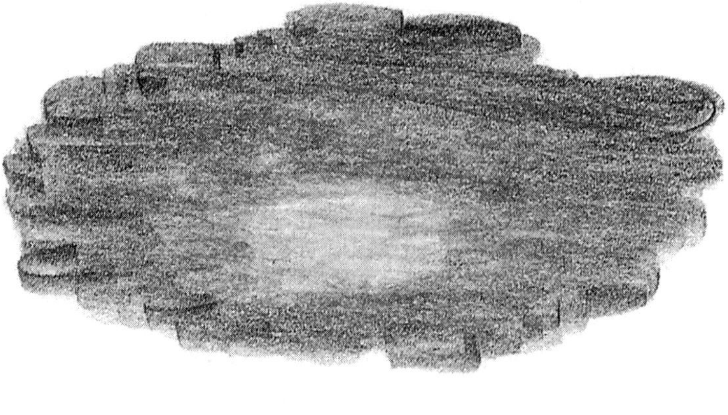

근심의 상념체

상념 방사장

두 번째는 상념 방사장(psychic radiatory field)을 만들어낸다. 이것은 마치 TV 전송탑이 전파를 통해 신호를 내보내거나 방사하는 것과 같은 방식이다. 사람이 무엇인가를 생각할 때 에너지 장을 방사한다. 상념 방사장 역시 멘탈, 이모셔, 에테릭 물질로 만들어진다.

누군가에게 매우 화가 나서 분노의 에너지 장을 방사하고 있는 사람이 있으면, 그 옆에 있는 사람들까지 감염될 수 있다. 마찬가지로 매우 행복한 사람과 접촉하고 있으면 접촉한 사람 역시 행복해진다. 왜냐하면 행복의 에너지 장이 방사되고 있기 때문이다.

어떤 사람이 헌신의 에너지 장을 방사할 때는 비록 자신과는 관계없는 다른 신에게 헌신을 하고 있더라도 당신 역시 헌신적이 된다. 한 사람은 그리스도에게 헌신하고 있는 반면에 다른 사람은 크리슈나에게 헌신할지라도 말이다.

상념체와 상념 방사장이 다른 점은 상념체는 생각과 감정의 정확한 내용을 포함하고 있는 반면, 상념 방사장은 생각과 감정의 질을 포함하고 있다.

에너지 자기 방어의 활용 범위

이 책에 소개된 테크닉들을 이용해 다음과 같은 여러 용도로 사용할 수 있다.

- 부정적인 생각으로부터 자신을 보호하기
- 탁하고 건강하지 못한 상념 방사장으로부터 자신을 보호하기
- 집과 사무실에서 화 또는 스트레스 등의 부정적인 생각이나 에너지를 제거하고 흡수하기
- 어떤 장소에 있는 부정적인 생각이나 에너지 분해하기

부정적인 생각으로부터 자신을 보호하기

부정적인 생각에는 어떠한 것들이 있으며, 그런 생각들로부터 어떻게 자신을 보호해야 하는지 알아보자.

첫째, 자신감을 떨어뜨리는 생각

마음 공격은 대부분 처음부터 의도를 가지고 하는 것은 아니다. 예를 들면, 부모가 특별한 일이 아닌데도 자식을 흠잡는 경우가 있다. 뿐만 아니라 평상시에도 자녀를 비웃거나 실수할 때마다 나무라는 말을 한다. 비록 부모가 자식을 사랑할지라도 반복적으로 얕잡아 보는 생각과 말은 자녀 스스로가 자신을 낮게 평가하게 만든다. 그로 인해 자신감은 부족해지고 불안정하게 된다.

반복해서 얕잡아 보거나 비난하는 행동은 심리적으로 심각한 손상을 주게 된다. 부정적인 생각이 오라 안에 받아들여지고, 그것이 차크라에까지 받아들여지면 열등감이 심어지며, 자신감은 줄어들어 성공에 방해를 하게 된다.

부정적인 생각이 상대방의 차크라 속에 심어지는 것을 '부정적인 프로그램(negative program)'이라 하기도 한다. 대부분의 경우 부정적인 생각을 다른 사람의 차크라에 심는 것은 고의가 아니다. 그러나 의도하였든지 그렇지 않든지 간에 이것은 정신적인 손상을 입히게 된다. 부모나 다른 사람들로부터 이러한 경험을 해본 적이 있을 것이다. 그렇기 때문에 에너지 자기 방어 방법을 배워야 한다.

둘째, 공격적인 생각

사회 생활 및 집단 생활을 하다 보면 다른 사람의 공격적인 생각들과 직면하게 된다. 이러한 타인의 공격적인 생각들로부터 자신을 보호할 줄 알아야 한다.

가령, 어떤 나라에서는 방문 판매가 일상적이다. 이런 일을 하는 방문 판매자는 극단적으로 공격적일 수가 있다. 훈련을 받았기 때문에, 필요하지 않은 물건을 사게 만드는 강력하고, 공격적이고, 설득력 있는 생각을 만들어낸다. 이 책에 소개된 방법들을 알면 많은 돈을 절약할 수 있을 것이다.

셋째, 거드름 피우는 생각

어떤 사람은 매우 거드름을 피운다. 그런 사람은 거슬리거나 얕잡아보는 말을 하지 않지만 행동에서 당신이 어리석고, 교양이 없고, 쓸모없거나 신뢰받을 수 없다는 부정적인 생각을 내보낸다.

어느 정도 성공했지만 깊이 내재된 열등감이 있는 사람은 다른 사람을 깎아내리고 싶어한다. 소위 말해 상류사회에 속한 사람도 그런 경우가 많다. 이러한 종류의 마음 공격으로부터 자신을 에너지 차원에서 보호할 줄 알아야 한다.

넷째, 인종 차별주의

인종 차별주의자의 생각은 가장 나쁜 형태의 마음 공격이다. 왜냐하면 희생자가 한 사람이 아니라 종족 전체나 국가이기 때문이다. 인종 차별주의가 무서운 이유는 많은 고통과 괴롭힘, 사회적 부당함을 수반하기 때문이다. 부정적인 인종 차별주의자들의 생각은 말로써, 또는 정신적으로 내보낼 수 있다.

인종 차별을 당한 희생자의 오라에는 열등감, 증오심, 절망감, 부당함, 은밀한 인종 차별주의자에 의한 표현되지 않은 범죄에 대한 비난으로 가득 차 있다. 이러한 상태에 있는 희생자는 매일 마음 공격을 받기 쉽다. 인종 차별주의 생각을 쫓아내고 그것을 보낸 사람에게 되돌려 보내기 위해서는 에너지 보호막(shield)을 만드는 것이 중요하다. 에너지 보호막은 3장에서 자세히 다루었다.

다섯째, 노예화하는 생각

이러한 생각의 예는 남자가 여자에게 완전히 빠져 이성을 잃다시피 한 행위에서 찾아 볼 수 있다. 가령, 자신의 아내도 아이들의 엄마도 아닌 여자를 위해 가정을 파괴하고 모든 것을 포기하기도 한다. 여자에게도 같은 경우가 있다.

이것은 정말 어리석은 짓이다. 그러한 사람은 논리적인 생각을 할 수가 없다. 해결책은 에너지 심리 치유(pranic psychotherapy)를 받거나, 관련된 사람 사이에 있는 보이지 않지만 존재하는 성적 에너지 끈을 반복해서 끊어 버리는 것이다(149쪽 에너지 연결끈 자르기 참조).

여섯째, 폭력적인 생각

다투거나 불쾌한 말들이 오고갔을 때 여기에 관련된 사람들은 강

화

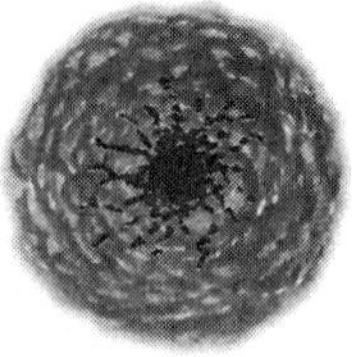
욕구

알콜 중독

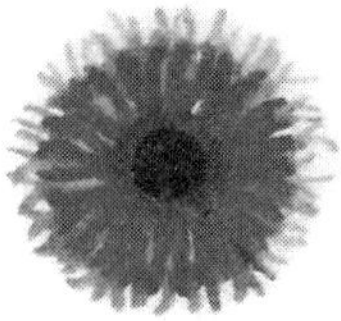
배신

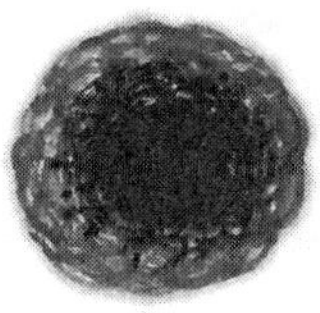
이기주의

물질주의

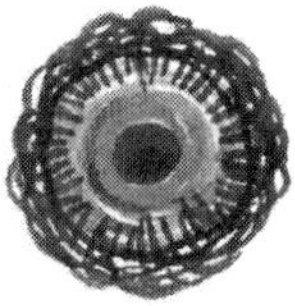
탐욕

음흉함

불안

부정직

부정적인 상념체

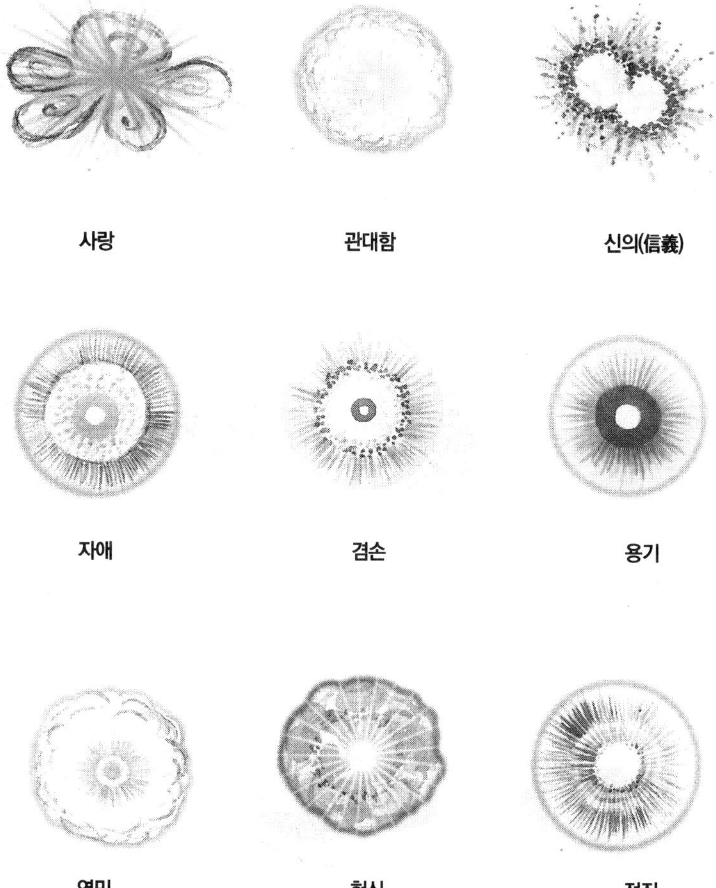

긍정적인 상념체

력한 폭력적인 생각을 내보내게 된다. 이러한 강력한 폭력적인 생각은 육체적인 병으로 나타나기도 하므로, 에너지 자기 방어를 통해 자신을 보호하고 침착함을 유지할 수 있어야 한다.

사무실, 가정 등에 존재하는 건강하지 못한 상념 방사장

부정적인 생각에 공격을 받기 쉬운 것처럼, 우리는 건강하지 못한 멘탈 상념 방사장, 이모셔널 상념 방사장에 오염되기 쉽다. 이것을 에너지 오염이라고 한다. 어떤 곳에 건강하지 못한 상념 방사장이 있는지 살펴보자.

어느 사무실에 엄청난 스트레스가 있는 경우가 있다. 이 사무실 공간에는 스트레스 에너지로 가득 차 있다. 많은 긴장, 근심, 심리적 압박 등이 있다. 민감한 사람은 다른 사람이 방사하는 스트레스 에너지에 정신적으로 쉽게 영향을 받는다. 에너지 자기 방어가 이런 경우에 매우 유용하다.

사무실뿐만 아니라 도시나 나라에 따라 다르게 방사되는 다양한 에너지 장을 인식해야 한다. 어떤 대도시에서는 사람들이 항상 서두르고, 빠르게 움직이고, 호전적이다. 그들의 에너지 장은 기본적으로 호전성과 성급함으로 특징짓게 된다. 그러므로 그러한 도시에 있으면 싫든 좋든 간에 매일 그러한 에너지 장에 영향을 받을 수밖에 없다.

이것은 마치 붉은 염료에 흰색 천을 넣는 것과 같다. 흰색 천에 어떤 일이 일어나겠는가? 붉게 물들 것이다. 검은색 염료에 넣으면 검게 물들 것이다. 만약 흰색 그대로 있기를 원하면 무엇인가를 해야 한다. 마찬가지로 스트레스가 많은 도시로부터 그 영향을 받지 않으려면 정신적으로 자신을 보호해야 한다.

우리는 종종 건강하지 못한 사람과 만나는 경우가 있다. 어떤 사람은 극단적으로 비관적이거나 우울한 사람도 있다. 그가 당신에게 특별히 부정적이지는 않더라도, 비관적이거나 우울한 에너지를 끊임없이 방사하면 당신은 거기에 오염될 수 있다. 의식적으로 그들의 생각을 거절하더라도 자신을 이러한 부정적인 에너지 장으로부터 보호하는 법을 배워야 한다. 왜냐하면 그것들에는 당신을 나약하게 만드는 속성이 있기 때문이다.

부모가 자식에게 의도하지 않았어도 해를 주는 경우도 있다. 예를 들어 부부가 끊임없이 싸우면 아이들에게 정신적으로 해로운 영향을 끼치게 된다. 아이들이 듣지 못하게 문을 모두 닫고 말싸움을 한다 해도, 격렬한 분노의 에너지 장이 아이들에게 해로운 영향을 미친다. 부모는 아이의 건강을 위해 부부가 조화롭게 사는 법과 다툼을 최소화하는 것을 배워야 한다.

대부분의 부모들은 아이들의 건강이나 미래를 걱정한다. 어떤 경우, 십대의 자녀들을 바람직하지 않은 친구로부터 정신적으로 보호하고, 학교에서 받는 정신적 · 감정적 압력으로부터 보호할 필요가 있다.

에너지 공해와 오염

술집이나 윤락가, 도박장 등의 장소나 이와 비슷한 시설은 대부분 고의적이지 않음에도 탁한 에너지를 방사하는 사람들로 가득 차 있다. 이러한 장소를 투시하여 보게 되면 회색빛 먼지로 가득 차 있거나 둘러싸여 있다. 이러한 것이 에너지 오염 상태인데, 이런 환경에 계속해서 노출될 경우 당신 역시 점차 정신적으로 오염이 된다.

사업하는 사람의 경우 부득이하게 고객이나 비즈니스 파트너를 이러한 에너지 오염 장소로 데려가야 할 경우가 있다. 민감한 사람이라면 그러한 장소에 가면 불편함을 느낄 것이다. 그렇다고 그런 곳에 같이 못 가겠다고 하면 사업상 손실이 생길 수 있어 그러지를 못한다. 이럴 때 에너지 자기 방어를 함으로써 자신을 보호하고 정신적으로 오염되는 것을 피할 수 있다.

에너지가 오염된 도시를 투시해 보면 회색빛 먼지로 가득차 있다.

같은 에너지끼리 끌어당긴다

유유상종(類類相從)이란 말이 있다. "성질이 같은 것을 끌어들이고 다른 것은 밀어낸다"는 말이다. 에너지 역시 서로 끌어당기고 밀어내는 원리가 같다.

"친구를 보면 그 사람을 안다"는 말이 있듯이, 같은 특성의 사람끼리는 서로 끌어당기게 되어 있다. 친구가 골퍼라면 당신도 골프를 할 것이다. 도박사는 도박을 좋아하는 사람을 끌어당긴다. 달리 말하면 같은 것을 좋아하는 사람은 서로 끌리게 되어 있다.

마찬가지로 누군가 당신에게 화를 낼 때 화로써 반응하면 분노의 에너지를 끌어당겨 침입을 받게 된다. 그러나 침착함을 유지하고 애정을 가지면 상대방이 내는 화 에너지는 영향을 미칠 수 없게 된다. '다른 성질은 밀어내기' 때문이다.

하지만 화 에너지를 보낸 사람에게 동정심이나 친절을 느끼고 침착하게 있는 것만으로는 충분하지 않다. 일상의 좌절과 스트레스 때문에 자신의 차크라 어딘가에 화 에너지로 이미 오염되어 있을 수 있다. 그럴 경우 여전히 정신적인 침범을 받게 된다.

차크라에 대한 이해

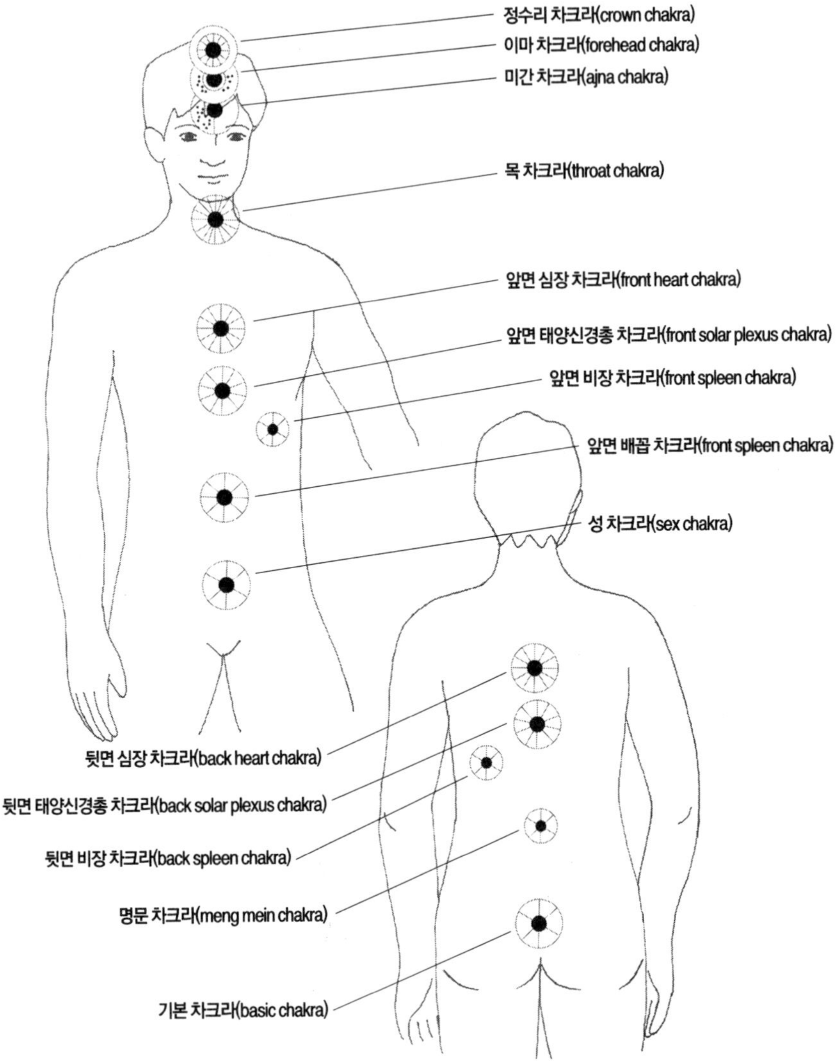

11개 주 차크라

차크라*는 에너지 센터이며 힘의 근거지다. 육체적 · 정신적 작용을 동시에 가지고 있다.

1. 기본 차크라(basic chakra) : 육체와 에테릭 바디에 영향을 미친다. 자기 생존과 자기 보호의 센터다.

2. 성 차크라(sex chakra) : 생식의 센터다.

3. 배꼽 차크라(navel chakra) : 본능적인 앎의 센터다.

4. 명문(命門) 차크라(meng mein chakra) : 기본 차크라에서 온몸으로 흐르는 에너지의 흐름을 촉진한다.

5. 비장 차크라(spleen chakra) : 육체적 · 정신적인 생명 에너지(pranic energy) 차원에 영향을 미친다.

6. 태양신경총 차크라(solar plexus chakra) : 용기, 분노, 호전성, 강력한 욕구와 같은 하위 감정의 센터다.

7. 심장 차크라(heart chakra) : 자비, 애정, 친절과 사랑 같은 상위 감정의 센터다. 태양신경총 차크라와 심장 차크라는 이모셔널 바디에 영향을 미친다.

8. 목 차크라(throat chakra) : 구체적인 마음의 센터다.

9. 미간 차크라(ajna chakra) : 추상적인 마음과 의지의 센터다. 목 차크라와 미간 차크라는 멘탈 바디에 영향을 준다.

---

* 차크라는 경혈을 부르는 다른 말로 몸에 500여 개가 있다. 여기에 나와 있는 것은 그 중에서 중요한 역할을 하는 11개 차크라를 설명하고 있다. 크게 주(主) 차크라(Main Chakra), 부(副) 차크라(Secondary Charka), 세(細) 차크라(Mini Chakra)로 분류할 수 있다. 기본 차크라는 손(노궁혈)과 발(용천혈)에 부 차크라를 가지고 있다. –역주

10. 이마 차크라(forehead chakra) : 하위 직관 혹은 부처 의식, 그리스도 의식의 센터다.*

11. 정수리 차크라(crown chakra) : 상위 직관 혹은 상위 부처 의식, 상위 그리스도 의식의 센터다. 영적으로 보호하려면 정수리 차크라를 사용해야 한다.

내면에 존재하는 에너지 세균 : 엘리멘탈

물질(physical) 차원의 세상에는 인간, 식물, 동물, 그 밖의 여러 존재가 존재하고 있다. 내면의 세계에도 투시가 되지 않는 사람에게는 보이지 않는 많은 존재가 있다.

육체의 세계에 세균이 있듯이 내면의 세계에도 에너지 존재의 하위 형태인 엘리멘탈(elemental)이 있다. 어떤 엘리멘탈은 에너지 기생충으로 사람에게 해롭다. 사람이 매우 화가 났을 때는 폭력적이고 부정적인 엘리멘탈을 끌어당긴다. 드문 경우이긴 하나, 흑마술사**는 다른 사람을 상하게 하기 위해 부정적인 엘리멘탈을 사용한다.

---

* 사람에게는 최고의 의식상태가 있는데 불교에서는 부처 의식, 기독교에서는 그리스도 의식이라고 부른다. –역주

** 악의를 가지고 에너지를 전문적으로 사용하는 사람. 에너지가 강력하고 정교하며, 에너지를 다룰 수 있어 사람들에게 큰 영향을 줄 수 있다. –역주

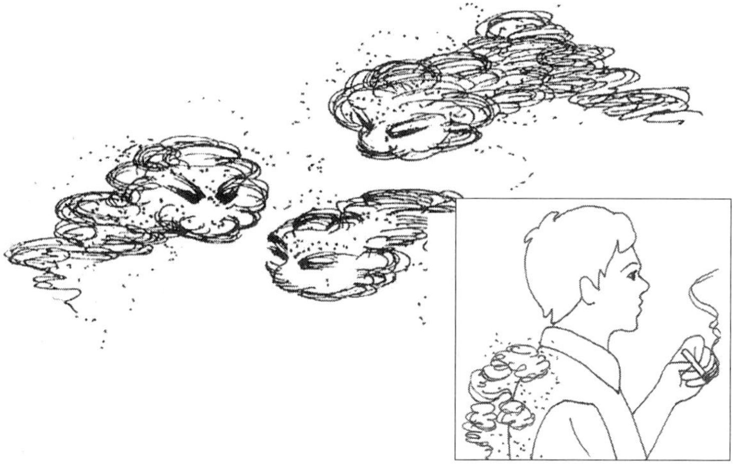

흡연가의 엘리멘탈

알콜 중독자의 엘리멘탈

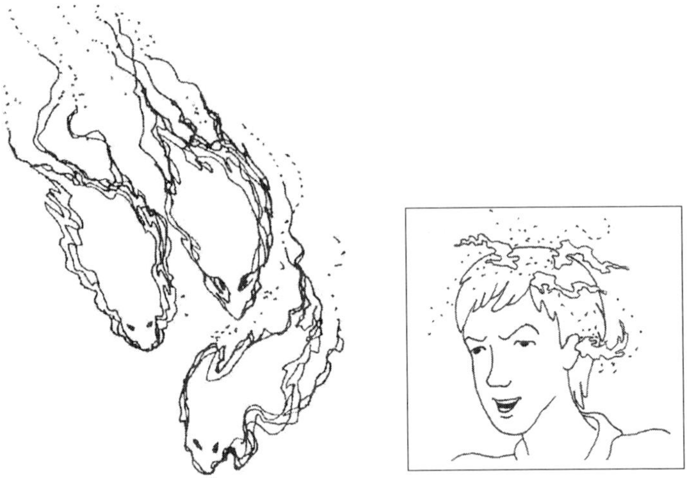

약물 중독자의 엘리멘탈

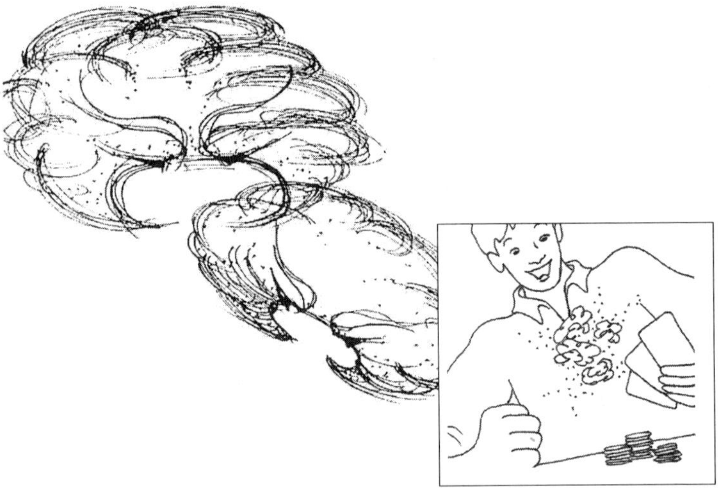

도박사의 엘리멘탈

마음 공격의 형태

첫째, 일반적인 마음 공격

이런 형태의 공격은 보통 사람들에게서 이루어지며, 고의나 악의로 하는 것이 아니다. 힘든 하루나 격심한 스트레스를 겪은 사람은 갑자기 분노를 폭발시킬 수 있다. 이것은 약한 형태의 마음 공격이다.

둘째, 부정적인 프로그램

'부정적인 프로그램'이라는 마음 공격의 한 형태가 있다. 부정적인 프로그램이란 사람에게 주입된 부정적인 생각이다. 이로 인해 부정적인 행동양식을 만들어낸다. 이것을 의도적으로 또는 비의도적으로 할 수 있다.

가끔 우월감에 사로잡힌 사람을 만나본 적이 있을 것이다. 이러한 사람들은 자기 자신에 대해 과장된 견해를 가지고 있다. 그들의 일반적인 행동양식은 다른 사람을 멸시하는 것이다. 말과 태도와 사람을 쳐다보는 방식이 사람들로 하여금 자신이 열등하거나 무엇인가 잘못되었다고 느끼게 한다.

만약 의식적으로나 무의식적으로 그들이 내보내는 부정적인 생각을 받아들이면 부정적인 행동양식이 만들어진다. 효율적으로 온전하게 사고하는 대신에 내면의 잠재력이 정신적으로 차단되거나, 어떤 기술을 부분적으로 사용할 수 없게 된다.

부정적인 프로그램의 다른 예는 사람들의 인종 차별이다. 그들은 당신이 열등한 인종이나 이등 시민이라고 느끼게 행동한다. 이것을 다루는 방법은 그들이 내보낸 인종 차별주의 상념을 무시해 버려야 한다.

가족 구성원에 의해 주입된 부정적인 프로그램은 그것이 고의적인 것이 아니더라도 한 사람을 말썽꾸러기로 만들 수 있다. 왜냐하면 가족 구성원의 부정적인 생각들이 그 사람을 그렇게 행동하게끔 프로그램 되었기 때문이다. 그렇기 때문에 가족 구성원들은 이에 대한 책임이 어느 정도 있다. 그를 가족으로부터 떼어놓거나 그런 부정적인 환경에서 벗어나게 하면 매우 좋아진다.

셋째, 저주

저주는 고의적인 마음 공격이다. 일반 사람이나 훈련받은 마술사가 할 수 있다.

넷째, 인형이나 사진 사용하기

흑마술사는 인형이나 사진을 사용하여 마음 공격을 한다. 흑마술사가 인형을 사용할 경우 보통 사람의 옷을 사용한다. 옷은 에테릭 바디와 연결되어 있기 때문이다.

에테릭 바디에 영향을 미치는 것은 육체에도 영향을 미치기 때문에 흑마술사는 사람의 옷을 이용하여 육체에 상해를 입힐 수 있다. 바늘을 사용하여 인형의 어떤 부위를 찌르기도 한다.

다섯째, 정신적 지배

정신적 지배를 하는 형태의 마음 공격이 있다. 일반 사람이나 흑마술사는 경제적 이익과 성적으로 유린하기 위해 강력한 생각을 만들어내어 고의적으로 다른 사람을 지배한다.

여섯째, 흑마술사로부터의 마음 공격

흑마술사나 마법사가 마음 공격을 할 수 있다. 필리핀, 아프리카, 남아메리카 등 일부 지역에는 흑마술사가 있다. 보통의 흑마술사는 사람을 병들게 만들거나 잘못된 행위에 대한 보복으로 사람을 해칠 수 있다. 기술이 뛰어난 흑마술사는 위험하다. 그러나 우리가 그런 흑마술사와 마주치는 일은 없을 것이다. 왜냐하면 그들은 사소한 일로는 일반 사람을 상대하지 않기 때문이다.

카르마 법칙

성경에 "뿌린 대로 거둔다"는 말이 있다. 이 말에는 카르마의 법칙이 요약되어 있다. 좋은 일을 의도적으로 하면 몇 배로 좋은 것을 되돌려 받는다. 마찬가지로 나쁜 일을 의도적으로 하면 그 역시 몇 배가 되어 되돌아온다.

카르마 법칙의 결과 때문에 에너지 자기 방어의 과학적 원리와 테크닉은 반드시 좋은 목적을 위해 쓰여야 한다.

엄격한 카르마의 영향

힘을 잘못 사용한 부정적인 카르마의 결과는 어떤 것일까? 무엇을 거둬들일지를 알고 싶다면 먼저 무엇이 심어졌는지를 알아야 한다. 흑마술사가 육체적으로 누군가를 공격하면 마음 공격의 심각한 정도에 따라 희생자는 정신적 고통을 당하거나 감정적으로 균형을 잃게 된다. 대상이 육체적으로 해를 입었을 경우에는 병이 들거나 심한 경우에는 죽게 된다. 병이 들면 일을 할 수 없게 되고 이로 인해 경제적인 곤란을 겪게 된다. 이것은 가족에게 감정적인 문제를 일으키게 한다. 흑마술이 미치는 카르마의 영향은 불운, 병약, 질병, 빈곤, 정신이상 등이다.

다른 사람을 육체적으로 지배하고 예속시키는 것은 카르마의 반작용이 크다. 미친 사람을 본 적이 있는가? 그런 사람들 중 몇몇은 육체적으로 고통을 받고 있고, 부정적인 엘리멘탈에 사로잡혀 있다.

내면의 과학을 반복적으로 잘못 사용한 카르마의 결과는 정신 이상이 생기거나 엘리멘탈이 씌우는 것으로 나타난다. 정신적으로 다른 사람을 노예화시키는 것은 노인성 치매나 백치 현상으로 나타난다.

힘을 잘못 사용하면 심각한 육체적 질병을 얻기도 한다. 심한 경우에는 오랫동안 마비가 지속되는 현상이 나타난다.

카르마의 영향은 금전상의 손실로 나타나기도 한다. 그 손실의 범위는 어떤 씨를 심었는가에 따라 따라 결정된다. 금전적 어려움이나 파산이 몇 년간 지속되기도 한다.

다른 사람에게 해를 입히기 위해 힘을 잘못 사용하여 나타나는 카르마의 결과는 부정적인 에너지를 보낸 대상에 따라 달라진다. 영적으로 발달된 사람을 희생시켰을 경우 카르마의 영향은 매우 심각하다.

의도하지 않고 부정적인 에너지를 다른 사람에게 보낼 때가 있다. 감정적으로 격앙되었다가 나중에 실수했다는 것을 깨닫게 된다. 그러면 사과를 하고 정신적으로 보상하기 위해 의도하지 않았는데 피해를 준 희생자를 축복한다. 그러면 카르마의 영향은 매우 미미해진다.

의도를 가지고 반복적으로 힘을 잘못 사용할 경우에도 카르마의 반작용은 매우 해롭다. 또한 부정적인 카르마의 영향은 매우 심각하다. 그러므로 비전의 테크닉을 올바르게 사용하는 것이 좋다. 사랑과 친절을 실천하고, 남을 해치지 않으며, 자신의 발전을 위해 가르침을 사용하는 것이 현명하다.

부정적인 카르마를 중화시키는 방법

잘못한 일로 인한 카르마의 부정적인 영향을 중화시킬 수 있을까? 고의적인 것이 아니고, 악의 없이 행해졌다면 중화될 수 있다. 용서와 자비의 법칙을 사용하면 된다. 잘못된 행동을 한 사람을 용서함으로써 카르마의 빚을 상쇄하는 기회를 만들 수 있다. 다른 사람을 용서하면 용서를 받게 된다.

신에게 용서를 구할 수도 있다. 자비의 법칙을 사용하여 카르마를 중화시킬 수 있다. 십일조는 다른 사람을 돕는 또 다른 방법이다. 남에게 주는 것이 받는 것이다. 자비를 베풂으로써 자비를 받을 자격을 갖추게 된다. 자비롭고, 도움을 주고, 복수를 하지 않고, 십일조를 하는 것은 자비와 친절을 나타내는 것이다.

2장

보이지 않는 공격으로부터 자신을 보호하는 오라 닫기와 강화법

인간의 오라(aura)는 마음 공격으로부터 자신을 보호하는 중요한 요소다. 오라가 매우 약한 사람은 쉽게 다른 사람의 영향을 받는다. 또한 부정적인 엘리멘탈이나 에너지 기생충이 잘 달라붙는다. 오라를 조밀하게 촘촘하게 밀착되게 만드는 것이 가장 쉽게 자신을 보호하는 방법이다. 이것은 다른 사람의 마음 공격이 자신에게 향하는 것을 어렵게 만든다.

잠재의식 차원의 자기 방어 : 오라 닫기

인간의 오라(aura)는 마음 공격으로부터 자신을 보호하는 중요한 요소다. 오라가 매우 약한 사람은 쉽게 다른 사람의 영향을 받는다. 또한 부정적인 엘리멘탈이나 에너지 기생충이 잘 달라붙는다. 오라를 조밀하고 촘촘하고 밀착되게 만드는 것이 가장 쉽게 자신을 보호하는 방법이다. 이것은 다른 사람의 마음 공격이 자신에게 향하는 것을 어렵게 만든다. 이 테크닉을 '오라 닫기(closing the aura)'라고 하는데 누구나 바로 배울 수 있다.

오라를 닫는 것은 잠재의식상의 자기 방어다. 상대를 불신하거나 다른 사람에게 영향을 받지 않고자 할 때 무의식적으로 팔짱을 끼는 것을 본 적이 있을 것이다. 앉아 있을 때 발을 꼬는 것 또한 무의식적으로 '오라 닫기'를 하고 있는 것이다.

물건의 강매 또는 의지와 반대되는 정신적인 강요를 받을 때 자신을 보호하고 싶다면 이 테크닉이 유용하다. 스트레스가 많은 장소나 에너지가 탁한 장소에 있을 때도 오라 닫기를 할 수 있다.

이 테크닉은 사장이나 상사 앞에서 사용하지 않는 것이 좋다. 심리적으로 반항이나 모반으로 해석될 수 있다. 그렇기 때문에 이 테크닉을 계속 사용할 경우 일을 그만두게 될 수도 있다. 사장이나 상사의 면전에서는 손을 내리는 것이 좋다. 수용적이고 협동적이라고 해석이 될 것이다.

또한 이 테크닉은 교실에서 사용하면 안 된다. 지식의 전달은 단지 말과 시각적인 전달만이 아니라 '마음의 전달'이라는 것을 인식하는 것이 중요하다. 오라를 닫는 것은 배우는 속도를 현저히 방해한다.

인도에서는 부모가 이야기할 때 존경의 표시로 아이들이 팔짱을 낀다. 이 관습은 아마도 부모가 아이들을 나무랄 때 아이가 보호막을 치지 않아 부모에게 말대꾸를 해서 관계가 붕괴되는 것을 본 현명한 사람이 만들었을 것이다. 그래서 존경을 표현하면서 실제로는 부모가 주는 비난과 분노와 폭력적인 생각으로부터 자신을 보호하는 것이다. 이로써 격렬한 말다툼 대신에 화합이 유지될 수 있게 된다.

오라를 닫는 방법

앞에서 언급했듯이 팔과 다리를 교차하면 된다. 팔짱을 끼면 위쪽 오라가 닫힌다. 발을 교차하면 아래쪽 오라가 닫힌다. 이것은 오라가 촘촘해지고 조밀해지고 밀착된다는 것을 의미한다. 시각화할 필요도, 의도할 필요도 없다. 자연적으로 생기기 때문이다. 그렇게 간단하고 쉬울까라는 의문이 생길 수 있겠지만, 대답은 '그렇다'이다.

오라를 완전히 닫기 원한다면 팔과 다리를 교차하기만 하면 된다. 이것은 필요치 않은 것을 강매하여 경제적인 부담을 갖게 하려는 판매원의 강압으로부터 자신을 보호하는 데 매우 유용하다. 오라를 더욱 촘촘하고 조밀하게 하기 위해 팔과 다리를 교차하는 행위를 '오라 완전히 닫기(full-closing) 자세'라고 한다.

상사 앞에 있거나 미팅을 할 때 완전히 닫기 자세를 사용하는 것은 바람직하지 않다. 사장이나 주변에 있는 사람들이 이러한 자세를 대항하는 혹은 공격적인 행동으로 해석할 수 있다. 이와 같은 상황에서는 '절반 닫기(half-closing) 자세'를 하는 것이 좋다.

발을 교차하고 손을 무릎이나 하복부 부위에 놓으면 된다. 이것은 아래쪽 오라를 닫고 위쪽 오라를 어느 정도 닫는 효과가 있다. 절반 닫기 자세의 이점은 호전적으로 보이지 않고 수용적이고 협력적인 모습을 보이는 데 있다.

절반 닫기를 사용함으로써 명확하고 정확한 생각을 하게 되어 미팅에 가치 있는 도움을 줄 수 있다.

오라 닫기 테크닉 1 : 완전히 닫기 자세

친구나 동료를 대상으로 실험해 본다.

1 대상이 팔과 다리를 열고 앉게 한다.

2 손을 민감하게 만든다(78쪽의 '민감한 손 만들기' 참조).

3 대상을 보고 위쪽, 가운데, 아래쪽 오라를 2~3m 거리에서 탐지한다. 탐지하며 점차적으로 가까이 간다간다(81쪽의 '오라 탐지하기' 참조).

4 팔과 다리를 교차하라고 한다.

5 위쪽, 가운데, 아래쪽 오라를 다시 탐지한다. 오라를 탐지하기 위해 더 가까이 간다. 열린 자세와 완전히 닫은 자세의 차이점을 관찰해 본다.

6 대상에게 팔과 다리를 풀라고 한다.

7 위쪽, 가운데, 아래쪽 오라를 다시 탐지한다. 어떤 차이점이 있는가?

몇 번 실험을 반복해 본다. 이 실험으로 대상이 손과 발을 교차했을 때 외부 오라가 사라진 것 같으나, 가까이 다가가면 사라진 것이 아니라 작아지고 촘촘해졌다는 것을 느끼게 된다. 외부 오라가 조밀해지고, 강해지고, 압축되었다고 할 수 있다.

오라 완전히 닫기 자세

오라 닫기 테크닉 2 : 절반 닫기 자세

1 대상이 팔과 다리를 열고 앉게 한다.

2 손을 민감하게 만든다.

3 대상을 보고 위쪽, 가운데, 아래쪽 오라를 2~3m 거리에서 탐지한다. 탐지하면서 점차적으로 대상에게 가까이 간다.

4 대상에게 발을 교차하고 손을 무릎이나 하복부에 놓게 한다.

5 위쪽, 가운데, 아래쪽 오라를 탐지한다. 탐지하면서 다가간

다. 열린 자세와 절반 닫기 자세의 차이점에 주목한다.

6 대상에게 발을 풀고 팔을 열라고 한다.

7 다시 위쪽, 가운데, 아래쪽 오라를 탐지한다. 차이점을 느껴 본다.

몇 번 반복해 본다. 이 실험으로 다리를 교차하고 손을 무릎이나 하복부에 놓음으로써 아래쪽과 가운데 오라를 닫고 위쪽 오라를 부분적으로 닫게 된다는 것을 알 수 있다.

오라 절반 닫기 자세

에너지 뱀파이어

어떤 사람을 몇 분 동안 상대한 뒤 에너지가 고갈되거나 피곤해진 적이 있을 것이다. 그 사람이 당신의 생명 에너지(pranic energy)를 빨아들였기 때문이다. 그런 사람을 에너지 뱀파이어(energy vampire)라고 부른다.

에너지 뱀파이어라고 해서 그들이 악의적으로 또는 나쁜 의도를 가지고 다른 사람의 에너지를 고갈시키는 것은 아니다. 보통 잠재의식적으로 행해진다. 왜냐하면 그런 사람들은 육체적으로 약하거나 병들어 있기 때문이다.

에너지 뱀파이어

이 때문에 그의 주변에 있는 사람들은 자신의 생명 에너지를 그들에게 빼앗기기 쉽다. 그러므로 그런 사람을 만나면 손과 발을 교차하여 오라를 닫기만 하면 된다. 이것은 에너지를 빼앗기는 것을 효과적으로 방지한다. 이 테크닉은 간단하면서도 매우 효과적이다.

부메랑 효과

오라를 닫는 것만으로는 부족할 때가 있다. 상대방이 화를 낼 때 이에 반응하지 않으면 상대방이 더 화내는 것을 보게 될 것이다. 당신에게 향했던 화 에너지가 되돌아가 더욱 균형을 잃는 것이다. 이것을 '부메랑 효과(boomerang effect)'라고 한다.

논쟁이 가열되었을 경우에는 반드시 침착해야 한다. 다른 사람의 자극에 반응하지 않음으로써 초연해지고 영향을 받지 않게 된다. 명확하게 생각하고 올바르게 반응할 수 있다. 손과 발을 교차하고 있더라도 반응하는 순간 부정적인 생각에 취약해지게 된다. 오라가 닫혀 있어도 부정적인 생각이 내적 에너지를 취약하게 하기 때문이다.

에너지 역시 같은 것을 끌어들인다는 원리에 근거하여 자신의 내면에 있는 화 에너지가 화 에너지를 끌어당기며 또한 다른 사람들의 화의 상념도 끌어당긴다. 그렇기 때문에 중립적인 마음을 유지하거나 긍정적인 상태에 있는 것이 매우 중요하다.

부정적인 상념을 변환시키는 방법 : 심장 차크라 테크닉

누군가를 위해 사랑과 최상의 것으로 축복을 해줄 때 자신에게 향한 부정적인 상념을 물리치고 변환시킬 수 있다. 이는 서로 다른 성질은 반발한다는 반작용의 법칙(law of repulsion)에 근거한다.

조용히 '평화(Peace)', '샨티(Shanti, 평화)', '샬롬(Shalom, 평안)', '당신에게 평화를(Peace be with you)' 등을 낭송한다. 당신을 자극한 사람을 평화로 축복한다는 마음을 보낸다.

분노나 짜증나는 에너지를 당신에게 보낸 사람을 해하지 않고 그

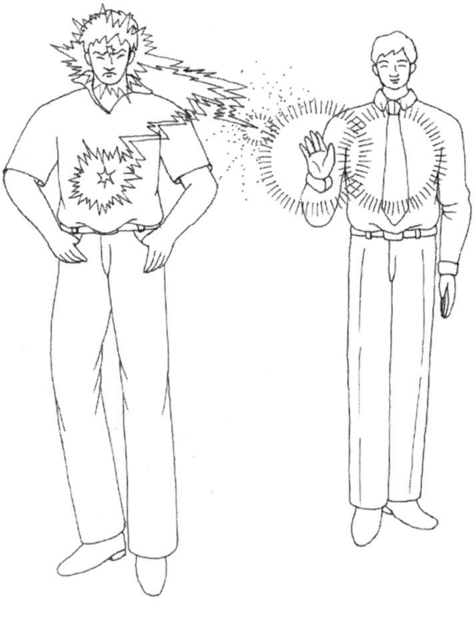

심장 차크라 테크닉 : 축복으로 마음 공격을 쫓아버리고 변환시키기

사람이 더 나빠지는 것을 원치 않는다면 어떻게 해야 할까? 당신의 마음에 집중하고 그 사람을 사랑으로 축복하라. 부정적인 에너지가 평온과 조화와 평화의 에너지로 변환된다는 의도를 가지고 축복한다. 이런 방식으로 부메랑 효과를 중화시키거나 최소화시킬 수 있다.

부정적인 에너지를 더 강력하게 변환시키는 방법 : 심장 · 정수리 차크라 테크닉

부정적인 에너지를 더 강력하게 변환시키는 방법은 심장 차크라와 정수리 차크라에 집중하여 당신을 공격한 사람을 사랑과 평화로 축복하는 것이다. 이 방법을 사용할 때는 자동적으로 핑크빛이 도는 금빛 에너지가 나오게 된다. 핑크빛이 도는 금빛 에너지는 당신을 보호해줄 뿐만 아니라 부정적인 생각과 에너지를 긍정적인 것으로 변환시킨다.

예수, 부처와 그 밖의 스승들은 '축복의 테크닉(blessing technique)'을 가르쳤다. 예수는 "당신을 저주하는 사람을 축복하라"고 했다. 왜 그럴까? 저주하는 사람에게 사랑과 친절의 에너지를 보낼 때 저주는 변환된다. 그리고 그 사람의 기분이 나아지면서 당신에게 긍정적으로 반응하기 때문이다.

반면에 화를 내어 반응하면 다른 사람도 똑같이 반응하므로 끊임없이 싸우게 된다. 증오는 증오를 낳고 분노는 분노를 낳는다. 해결책은 신성의 가르침을 좇아 증오에 사랑으로 답하는 것이다.

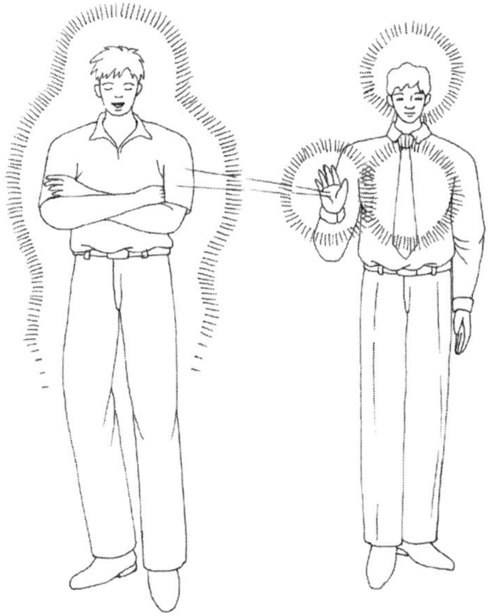

심장 · 정수리 차크라 테크닉 : 마음 공격을 더 강력하게 변환시키기

관계를 치유하는 방법

축복은 관계를 치유하기 위해서도 사용할 수 있다. 당신과 심각한 문제가 있는 사람들 명단을 작성한다. 몇 개월 혹은 몇 년 동안 당신을 괴롭혀 왔거나 반대로 당신이 그를 괴롭혔거나 혹은 좋지 않은 관계에 있는 사람들은 모두 해당한다.

1 일곱 단계 전 과정 동안 심장 차크라와 정수리 차크라에 집

중한다.

2 두 손을 축복하는 자세로 올린다. 축복하고자 하는 사람이 앞에 있다고 시각화한다.

3 조용히 이름을 세 번 말한다. 그 사람이 바로 앞에 있다고 계속해서 시각화한다. 심장과 정수리 차크라에 집중하면서 사랑과 친절을 내보내면서 조용히 '평화', '샨티', '샬롬', '당신에게 평화를' 등의 말을 낭송한다.

4 3분 동안 낭송에 집중한다.

5 당신이 영적인 타입이라면(보이지 않는 높은 차원의 존재를 믿는 타입이라면) 이 과정을 시작할 때 사랑의 에너지와 관계의 치유라는 신성한 축복을 달라고 기원한다. 다음의 기도를 사용할 수 있다.

"지고의 신께, 영적 스승께, 모든 상위의 존재에게, 사랑의 에너지와 관계를 치유해 주심에 감사드립니다. 감사와 완전한 믿음으로."[1]

만일 개인적으로 사용하는 기도가 있다면 그것을 사용해도 된다. 신성의 도움을 기원하는 것은 테크닉을 더욱 효과적으로 만든다.

6 전 과정을 목록에 있는 모든 사람에게 반복한다.

7 1주일에 두세 번 필요한 만큼 축복한다. 보통 관계가 좋아지려면 한 달이나 두 달이 걸리고, 더 오래 걸리는 경우도 있다.

심장 부위에 무거움이 느껴지면 부분 쓸어내기*를 하여 정체를 제거한다. 축복 뒤에 어떤 기분이 느껴지는가? 내면의 평화가 느껴지는가? 축복하는 사람에게 뿐만 아니라 자기 자신을 위해서도 축복이 필요하다는 것을 이해해야 한다.

축복의 행위는 사실 용서의 행위이며 내면의 치유를 위해 필요하다. 심한 경우에 당신에게 고통을 준 사람을 용서하거나 축복하는 것을 거부하면, 내면의 평화와 치유가 없으며 심리적으로 괴로워하고 그것이 악화되는 경향이 있다.

운동으로 오라 강화하기

강한 오라는 자연적인 에너지 보호막(shield)이 된다. 오라를 강화하는 것은 매우 쉽다. 운동을 정기적으로 함으로써 몸은 더 건강해지는데, 이것이 오라를 자동적으로 강화시킨다. 1주일에 두 번 정도, 30분 정도씩 운동하는 것으로도 충분하다.

투시해 보면 운동하는 동안에 사용된 에너지와 탁한 에너지가 몸, 내부 장기, 에너지 바디, 차크라, 경락, 오라 등에서 빠져나간다. 그것들이 빠져나간 자리는 더 깨끗해지고, 밝아지고, 건강해지고, 강해진다. 그리고 에너지 순환이 대단히 증가한다. 즉 에너지 통로를 통해 에너지가 더 잘 흐르게 된다.

---

* 에너지 힐링 기법의 하나로 신체 일부에 있는 막힌 에너지를 정화하는 행위를 말한다. 마음 및 감정 차원의 문제가 막히는 원인이 된다. –역주

몸이 튼튼하고 건강해지면 자연적으로 오라가 강해진다. 정기적인 운동으로 얻는 육체적 · 정신적 이익을 과소평가해서는 안 된다. 아무 운동이나 상관없다. 골프, 에어로빅, 수영, 조깅, 하타 요가(Hatha Yoga)*, 태극권, 무술과 그 밖의 운동 등 운동은 오라를 깨끗하게 하고 강하게 하는 효과가 있다. 날숨과 들숨 사이에 숨을 잠시 멈추는 프라닉 호흡도 오라를 강하게 하는 강력한 방법이다.**

에너지 힐링의 지식이 있는 사람은 운동하기 전에 차크라, 내부 장기, 오라 등을 탐지하여 실험해 볼 수 있다. 그 다음 운동하는 동안 외부 오라를 탐지하고, 운동을 마친 후에 차크라, 내부 장기, 외부 오라를 다시 탐지해 본다. 오라, 내부 장기, 차크라의 에너지 레벨이 엄청나게 증가된 것에 깜짝 놀랄 것이다.

필자는 우연히 정신적으로 불안한 환자의 심리치료 과정을 몇 번 경험한 적이 있다. 환자의 차크라에는 부정적인 엘리멘탈이나 에너지 기생충이 들끓고 있었다. 이런 환자의 마음은 어떤 것에든 홀리기가 쉽다. 심리적으로 종속되기 쉬운데, 왜냐하면 육체와 오라가 매우 약하기 때문이다. 다음은 건강한 몸과 건강한 정신의 관계 그리고 정기적인 운동의 필요성을 보여주는 사례다.

어느 학교의 교장 선생님이었던 캐나다 사람이 필자의 워크숍에 참여한 적이 있다. 그는 교장직을 그만두고 학업에 문제가 있거나 또는 사회적 또는 법적 문제가 있는 학생들을 돕고 있었다. 그 학생들

---

* 육체와 생리적 흐름을 조절하여 몸의 균형과 심신의 조화를 이루는 요가. –역주

** 에너지 힐링(기 치유) 시스템으로 서구에서 레이키, 테라퓨틱 터치(therapeutic touch)와 더불어 널리 사용되고 있다. –역주

의 수는 적었지만 다루기 힘든 학급이었다.

이 특별한 학생들은 토요일과 일요일에 술을 마시고 마약을 하는 경우가 다반사였다. 그리고 월요일에 학교에 오면 공포스러운 행동과 야비한 말들을 사용했다. 학생들의 이러한 좋지 않은 행동에도 불구하고 캐나다 선생은 화를 내지 않고 그들을 다독거리며 애정으로 대했다.

그는 월요일 규칙이라는 것을 만들었다. 그것은 다름 아닌 학생들과 함께 4~5시간 동안 트레킹을 하는 일이었다. 어렵지만 안전한 경로를 선택했다. 트레킹을 마친 뒤 학생들에게 육체적으로 그리고 심

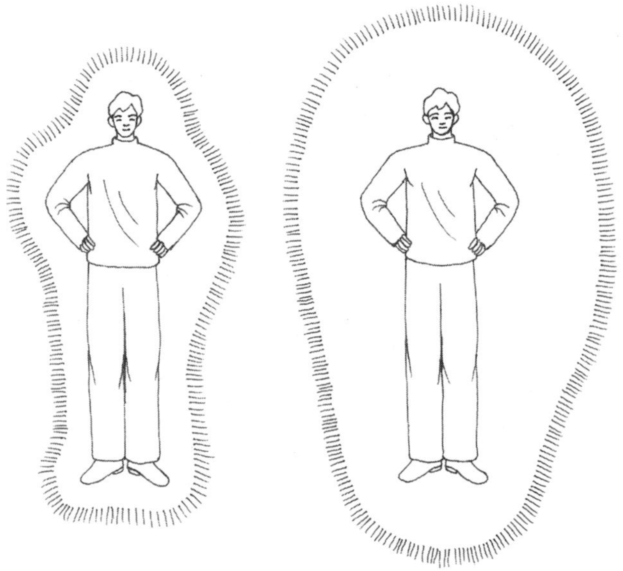

운동 전의 오라

운동 후의 오라

정기적인 운동으로 오라 강화하기

리적으로 변화가 있었다. 말과 행동이 부드러워지고 건전해졌다.

비록 변화의 순간은 짧았지만 드라마틱한 일이었다. 트레킹, 신선한 공기, 그리고 산이 가진 좋은 생명 에너지는 유익한 효과와 치유 효과가 있다.

심리적으로 곤란을 겪는 환자를 다루는 사람은 이러한 접근법을 사용했을 때 얻는 효과를 관찰하는 것도 흥미로울 것이다. 1주일에 한 번 하는 것보다는 여러 번 하는 것이 더 좋은 효과를 보게 될 것이다.

명상으로 오라 강화하기

명상법에는 여러 가지가 있으며 어떤 방법이든 대개는 다 훌륭하다. 명상을 할 때는 근원으로부터 신성의 에너지를 많이 받게 된다. 그러므로 명상은 오라를 강하게 하는 강력한 효과를 가지고 있다. 그 중에서도 트윈 하트(Twin Hearts) 명상은 강력한 명상법이다.

이 명상은 고대로부터 내려왔으며 비밀리에 상급 수련자에게만 전해져 왔었다. 그러나 이제 일반 사람들에게도 이 테크닉을 알리고 있다. 에너지 힐링에 대한 사전지식이 없는 사람은 트윈 하트 명상하는 법에 대해 자세하게 설명해 놓은 부록 1을 참고하기 바란다.

트윈 하트 명상을 하기 전과 하는 동안 그리고 하고 난 뒤에 오라를 탐지하여 시험해 볼 수 있다. 오라가 몇 배나 증가한 것에 놀라게 될 것이다. 명상을 정기적으로 하면 오라가 점점 더 커지고 강해진다.

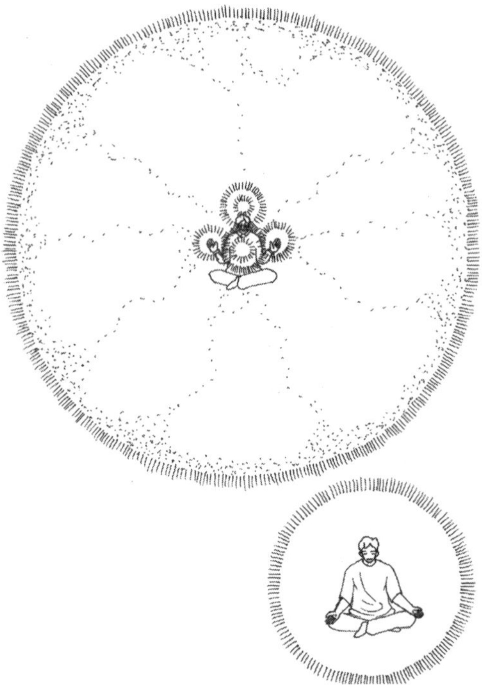

명상으로 오라 강화하기

오라를 강화하는 자세

혓바닥을 입천장에 붙이고 손을 움켜쥐면 오라는 즉시 강해진다. 혀를 입천장에 붙이는 이유는, 혀가 입천장에 연결되면 앞뒤 경락의 순환 회로가 완성되어 몸의 생명 에너지가 증가된다.

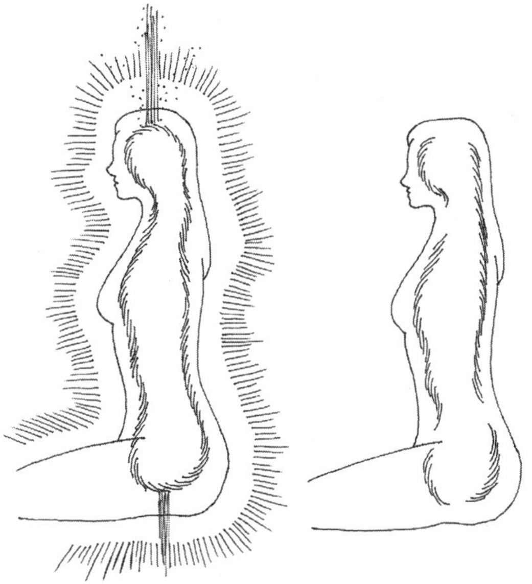

혀를 입천장에 연결하기

손을 움켜쥐는 행위를 하는 이유는 손을 잡으면 손 밖으로 흘러나가는 여분의 생명 에너지가 다시 몸으로 향한다. 그렇게 됨으로써 에너지 레벨이 증가되고 오라는 더 강화된다. 그러므로 손을 잡고 혀를 입천장에 연결하면 오라가 확장되고 더 강해진다. 반면, 손이 열리고 혓바닥이 떨어지면 오라가 다소 약해진다.

이 오라를 강화시키는 자세를 통해 사람의 에너지 레벨을 즉각적으로 증가시키고 동시에 에너지를 축적하게 된다. 집중할 필요가 있거나, 중요한 지시를 할 때, 중요한 일을 협상할 때 사용할 수 있다.

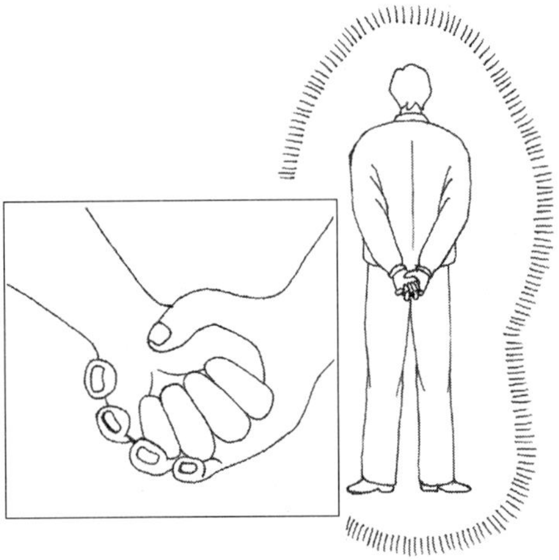

오라 강화 자세 1 : 손을 등 뒤로 왼손 엄지는 안으로 접고 오른손으로 잡는다.

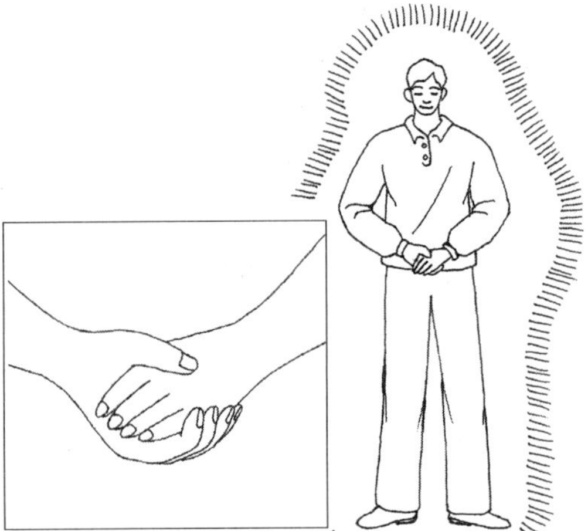

오라 강화 자세 2 : 왼손이 위로 가게 해서 손을 몸 앞에서 잡는다.

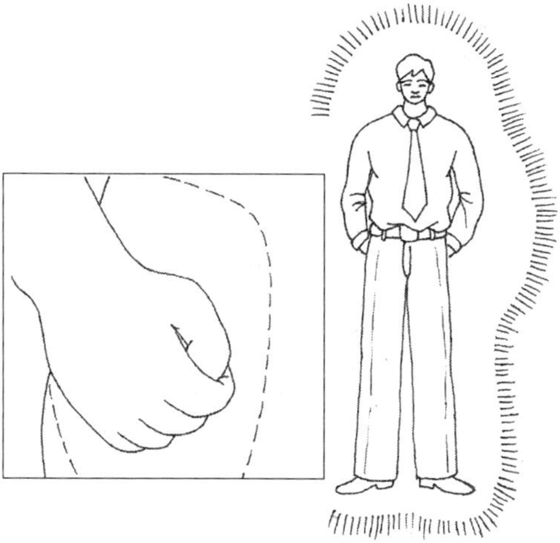

오라 강화 자세3 : 양손 엄지손가락을 안으로 넣고 주머니에 집어넣는다.

손을 움켜쥐는 방법에는 다음 여러 가지가 있다.

첫째, 양손을 뒤로 가져간다. 왼손 엄지를 안쪽으로 접고 오른손으로 왼손을 잡는다.

둘째, 왼손을 오른손 위에 놓고 몸 앞에서 잡는다.

셋째, 양손의 엄지를 안쪽으로 접고 양손을 주머니에 넣어 보이지 않게 한다. 손을 엉덩이 옆에 두면 공격의 행위로 해석된다.

일반적인 자세와 오라를 강화시키는 자세에서 각각 오라를 탐지하여 강화 여부를 확인할 수 있다. 강화 자세에서 오라가 명확히 강해지고 커진다.

크리스털로 오라 강화하기

크리스털을 몸에 착용하면 차크라와 오라를 강화시키는 효과가 있다. 그러므로 크리스털을 마음 공격으로부터 자신을 보호하기 위해 사용할 수 있다. 그러나 사용하기 전에 크리스털을 정화하고 충전해야 한다. 여기서 말하는 크리스털은 보석과 귀중한 돌과 준보석 등을 모두 포함한다.

크리스털 목걸이 착용 전 크리스털 목걸이 착용 후

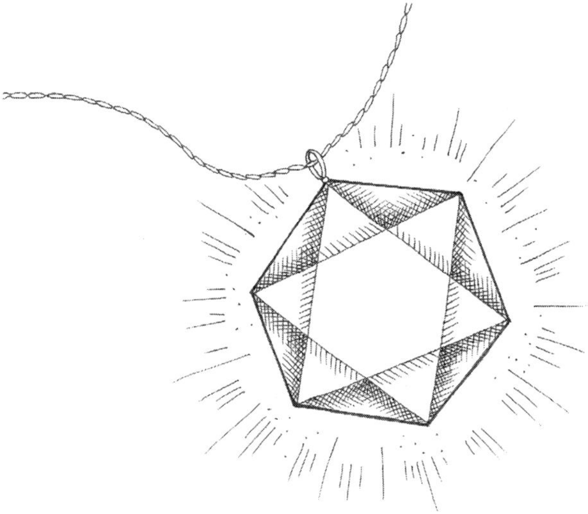

육각별 펜던트

크리스털을 목걸이나 반지로 착용할 수 있는데 백수정, 장미수정, 자수정, 녹색 전기석으로 만들어진 육각형 수정을 목걸이로 할 수 있다. 육각형 수정은 위쪽과 아래쪽의 차크라 균형을 잡아준다. 또한 오라의 위쪽과 가운데 그리고 아래쪽의 균형을 잡아준다.

크리스털을 목걸이로 착용할 때는 펜던트 위치가 심장과 인후 사이에 오는 것이 바람직하다. 심장 부위에는 오랫동안 착용하지 않는 것이 좋다. 왜냐하면 점차적으로 심장에 해로운 영향을 미치기 때문이다.

크리스털을 반지로 착용할 경우 오른손이나 왼손의 약지나 가운데 손가락에 끼는 것이 좋다. 석류석의 경우 오른손에 착용하는 것이 좋으며, 오라 강화와 에너지 자기 방어를 위해 사용한다. 비관적이거나 다소 부정적인 사람은 석류석을 착용하지 말아야 한다. 왜냐하면 불운을 끌어들이기 쉽기 때문이다. 반면에 건강하고 낙관적인 사람에게 있어 석류석은 행운을 불러들인다.

황수정 역시 에너지 자기 방어에 좋고 오른손에 착용해야 한다. 녹색 전기석이나 에메랄드는 힐러(healer)와 심리 치유사(psycho-therapist)에게 권장한다. 왜냐하면 이 크리스털은 오염을 제거하고 정화하는 효과가 있기 때문이다.

자수정과 맑은 수정은 오른손에 착용한다. 다이아몬드는 에너지 자기 방어를 위한 매우 강력한 크리스털이며 오른손에 착용하는 것이 좋다.

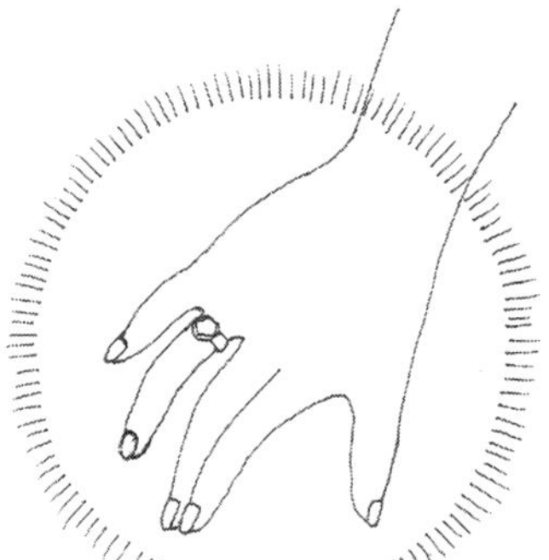

크리스털 반지

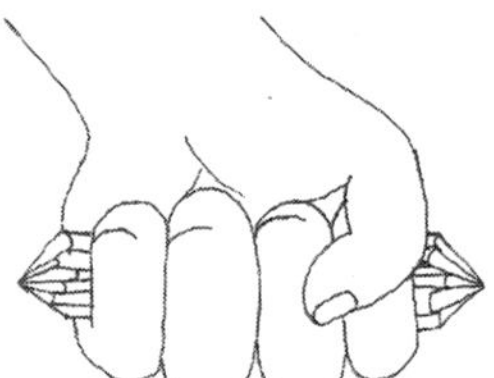

그 외 황수정, 녹색 전기석, 에메랄드 등을 이용할 수 있다.

비싼 다이아몬드나 1~2캐럿 같은 고품질의 다이아몬드에 돈을 쓸 필요는 없다. 함유물이 있거나 약간 노란빛의 다이아몬드나 반지에 박혀 있는 조그마한 다이아몬드들도 좋다. 여러 개를 합쳐 1캐럿인 다이아몬드는 1캐럿짜리 하나보다 가격이 저렴하다. 값이 싼 것도 보호 효과는 거의 비슷하다.

크리스털을 정화하는 방법

크리스털에 묻어 있는 탁한 에너지로부터 안 좋은 영향을 받을 수 있으므로 크리스털을 목걸이나 반지로 착용하기 전에 먼저 정화해야 한다. 여러 가지 정화법이 있는데, 가장 쉬운 방법은 흐르는 물에 비누로 몇 분간 씻는 것이다. 정화를 촉진하기 위해 모든 불순물을 정화한다는 의도를 가지고 손가락으로 문지른다.

소금물을 이용한다면 소금물이 있는 용기 속에서 똑같이 손가락으로 문지른다. 또는 소금물에 몇 시간 또는 며칠간 담가둔다. 다른 방법은 알콜을 사용하여 크리스털을 정화하는 것이다. 비싼 보석에는 물과 소금을 사용하지 않는 것이 좋다.

정수리 · 손 차크라로 크리스털 정화하기

정수리 차크라로 에너지를 받고 손 차크라(노궁혈)로 에너지를 내보내는 테크닉을 사용하여 이전에 크리스털에 묻어 있던 에너지 흔적과 프로그램 되어 있던 것을 정화할 수 있다.

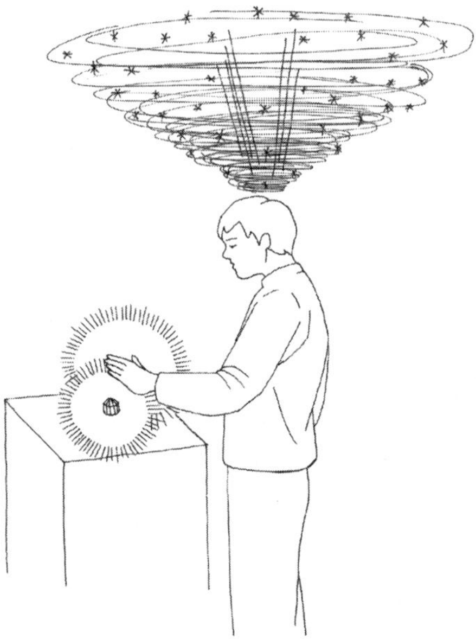

정수리 · 손 차크라 테크닉으로 크리스털 정화하기

1 혓바닥을 입천장에 붙인다.

2 정수리와 손에 집중한다.

3 일렉트릭 바이올렛(electric violet)빛* 이나 찬란하게 빛나는 흰빛으로 이전의 모든 에너지 흔적과 프로그램을 쓸어낸다는 의도를 가지고 10번 정도 크리스털에 쓸어내기를 한다.

* 전기 용접 시 불꽃이 튀기는 빛깔을 말한다. 전기빛 보라라고도 한다. –역주

크리스털을 충전하는 방법

크리스털의 효능은 프라닉 호흡이나 기도를 통해 에너지를 불어넣음으로써 증진된다.

프라닉 호흡으로 크리스털 충전하기

1. 크리스털을 정화한 뒤 7-1-7-1 테크닉을 사용하여 프라닉 호흡을 한다. 복식 호흡을 하는 것인데, 일곱을 세면서 숨을 들이마시고 하나를 셀 동안 숨을 멈춘다. 다시 일곱을 세면서 숨을 내쉬고 하나를 셀 동안 멈춘다. 이것을 다섯 번 반복한다.
2. 손바닥을 크리스털로 향하고 프라닉 호흡을 열두 번을 더 한다. 이와 동시에 손바닥에서 크리스털을 향해 방사되는 생명 에너지를 흡수하라고 지시한다.
3. 크리스털에게 다음과 같이 확언한다.
   "너는 모든 마음 공격으로부터 나를 보호한다. 모든 위험과 상해로부터 나를 보호한다. 나를 밤이나 낮이나 보호한다. 내가 바라는 대로 된다."[2]
4. 크리스털의 오라를 엷은 흰빛을 띤 파란빛으로 둘러싼다고 시각화한다.* 그렇게 방사된 생명 에너지를 안정시키거나 축복한다. 크리스털의 효능을 보존하거나 에너지가 새는 것을 막기 위해 안정시킬 필요가 있다.

---

* 마치 파란 풍선 안에 수정이 들어 있는 것처럼 상상한다. –역주

기도로 크리스털 충전하기

기도로도 크리스털을 충전할 수 있다.

"지고의 신께

나의 영적 스승께, 모든 영적 스승께

신성의 마스터, 신성의 구루, 치유 천사, 치유 대사, 빛의 존재, 모든 위대한 존재에게

이 크리스털을 신성의 안내와 도움과 보호로 축복해 주심에 감사드립니다.

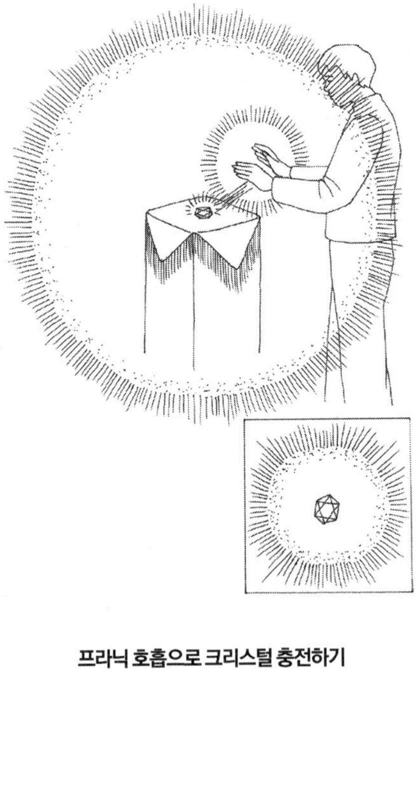

프라닉 호흡으로 크리스털 충전하기

모든 형태의 마음 공격, 에너지 오염, 모든 손상과 위험으로부터 보호해 주심에 감사드립니다.

감사와 완전한 믿음으로. 그렇게 된다."[3]

기도를 세 번 반복한다. 손으로부터 방사되어 나오는 생명 에너지를 안정시키거나 축복한다. 크리스털을 7일 동안 연속적으로 충전하여 매우 강력하게 만든다. 크리스털은 반드시 적어도 1~2주일마다 한 번씩 정화하고 다시 성화(聖化)해야 한다.

크리스털을 강화시킨 효과를 확인하는 실험을 해볼 수 있다. 대상 인물의 오라를 탐지한 후, 크리스털 목걸이나 반지를 착용한 후의 오라를 다시 탐지한다. 그리고 목걸이나 반지를 제거한 뒤 다시 탐지한다. 이를 통해 크리스털이 강력히 강화시키는 효과가 있다는 결론을 내릴 수 있을 것이다.

크리스털 착용의 부작용

크리스털이 오라를 강화시키지만 언제 착용하고 언제 착용하지 말지를 알아야 한다. 어떤 경우에 착용하지 않은 것이 좋은지, 또 부작용은 없는지에 대해 알아보자. 크리스털은 아래쪽 차크라를 특별히 활성화시킨다. 그러므로 다음의 경우에는 큰 크리스털을 착용하지 말아야 한다.

첫째, 고혈압이나 심장질환

둘째, 종양과 암

셋째, 크리스털을 착용할 때 올바른 크리스털을 사용하지 않거나 전문가가 올바르게 충전하고 프로그램하지 않으면 정신적인 불안정을 심화시키는 경향이 있다. 정신적으로 불안정한 사람이 착용한 크리스털은 반드시 주기적으로 정화해야 한다.

넷째, 상급 명상을 하는 사람. 상급 명상을 할 때 크리스털을 착용하면 쿤달리니 신드롬(kundalini syndrome)* 을 겪을 수 있다. 쿤달리니 신드롬의 증상으로 불면증, 체력 약화, 몸 여러 부위의 통증, 혈압의 상승과 고열이 나타날 수 있다.

내부 오라를 느끼는 민감한 손 만들기

오라를 보는 능력을 개발하는 데에는 많은 시간이 걸리므로 에너지장, 즉 내부 오라를 느끼기 위해서는 손을 민감하게 만들 필요가 있다. 이 훈련은 에너지 바디의 어느 부분이 고갈되고 정체되어 있는지를 알 수 있게 한다.

1 혀를 입천장에 붙인다.

2 엄지손가락으로 손바닥 중심을 누른다. 이것은 손바닥으로

---

* 준비가 안 된 상태에서 우연히 기본 차크라에 있는 쿤달리니라는 에너지가 깨어나 초래되는 이상 증세를 말한다. -역주

손 민감하게 만들기

의 집중을 용이하게 한다.

3 팔꿈치를 약간 벌리고 두 손바닥 사이가 10cm 정도 떨어져 평행이 되게 한다.

4 손바닥 중심과 손가락 끝을 의식한다. 천천히 숨을 들이마시고 내쉰다. 손을 천천히 앞뒤로 움직인다. 매우 천천히 움직인다. 이것을 5분 정도 한다. 손바닥 중심과 손가락 끝을 의식하면 손 차크라와 손가락 차크라가 활성화되어 손이 민감해져 미묘한 에너지나 물질을 느끼게 된다.

보통 80~90%의 사람이 첫 시도에서 얼얼함, 열감, 압박, 요동치는 파동을 손바닥 사이에서 느끼게 된다. 압박감이나 요동치는 파동을 느끼는 것이 중요하다.

5 손을 민감하게 만든 뒤 바로 탐지를 한다.

6 손을 민감하게 하는 수련을 한 달 정도 한다. 보통 한 달 정도 수련하고 나면 어느 정도 지속적으로 민감해지게 된다.

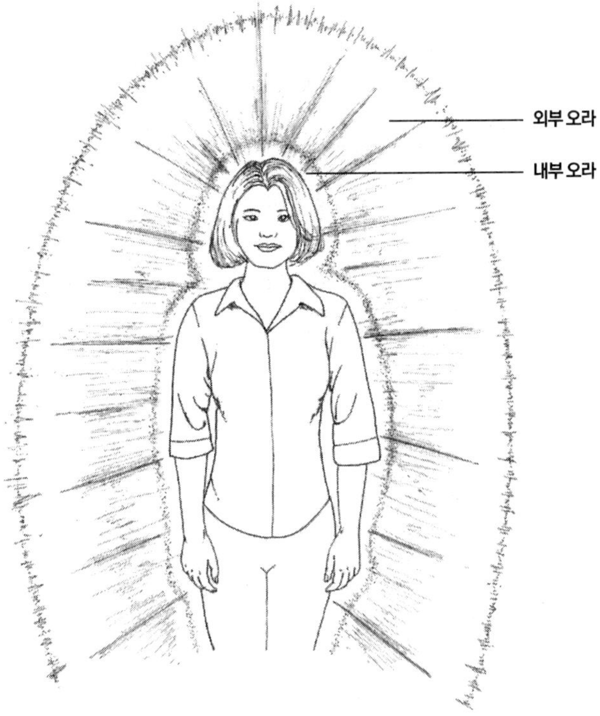

외부 오라와 내부 오라

7 첫 시도에서 아무것도 느끼지 못했다고 해서 실망하지 말고 연습을 계속한다. 아마도 네 번째 시도에서 미묘한 에너지를 느낄 수 있을 것이다. 열린 마음을 유지하고 올바르게 집중하는 것이 매우 중요하다.

오라 탐지하기

손으로 탐지할 때는 항상 손바닥 중심에 집중해야 한다. 손바닥 중심에 집중함으로써 손 차크라가 활성화된 상태로 있거나 더 활성화되어 손이 미묘한 에너지나 물질에 민감하게 된다. 그렇게 하지 않으면 탐지가 어렵다.

외부 오라 탐지하기

1 오라 탐지 대상으로부터 4m 정도 떨어져 서서 손바닥을 대상을 향하게 하고 손을 약간 밖으로 뻗는다.

2 천천히 대상을 향하여 걸어간다. 동시에 민감해진 손으로 대상의 외부 오라를 느낄 수 있는지 시도해 본다. 탐지할 때 손바닥 중심에 집중한다.

3 열감, 얼얼함, 약간의 압력을 느끼면 멈춰 선다. 현재 외부 오라를 느끼고 있는 것이다. 외부 오라의 크기와 모양을 느껴본다. 머리에서 허리까지, 허리에서 발까지, 앞에서 뒤까지의 넓이를 탐지해 본다. 대부분의 경우 위가 아래보다 더

넓은 거꾸로 된 달걀처럼 느껴질 것이다.

4 점차 오라를 압력으로 느끼는 것을 배워 외부 오라, 내부 오라의 넓이를 정확하게 측정하는 것이 중요하다.

5 외부 오라는 보통 반지름이 1m 정도 된다. 그러나 어떤 경우에는 2m 이상 되기도 한다. 활동항진 상태에 있는 어린이의 오라는 3m 정도로 크다.

내부 오라 탐지하기

1 내부 오라를 한 손이나 두 손으로 느껴본다. 손을 천천히 앞뒤로 움직여 본다. 내부 오라 두께는 보통 약 13cm 정도다. 탐지할 때 손바닥에 집중하여 손 차크라가 활성화된 상태로 있게 하거나 더 활성화시켜 손이 미묘한 에너지나 물질에 민감하게 한다.

2 머리에서 발까지 탐지하고 그리고 앞에서 뒤로 대상을 탐지한다. 몸의 왼쪽과 오른쪽을 탐지한다. 예를 들면 왼쪽 귀와 오른쪽 귀를 탐지하거나 오른쪽 폐와 왼쪽 폐를 탐지한다. 몸의 왼쪽과 오른쪽의 내부 오라를 탐지했을 때 두께가 반드시 같아야 한다. 만약에 한쪽이 다른 한쪽보다 크거나 작으면 거기에는 문제가 있는 것이다. 예를 들어 환자를 탐지해 보니 왼쪽 귀의 내부 오라가 약 13cm 정도였는데 오른쪽은 단지 약 5cm 정도였다. 환자에게 물어보니 오른쪽 귀가 17년 동안 부분적으로 들리지 않았던 것으로 밝혀졌다.

손으로 내부 오라 탐지하기

3 주 차크라, 주요 기관, 척추에는 특별히 주의를 기울여야 한다. 등의 통증을 호소하지 않더라도 대부분의 경우 척추의 어느 부위가 정체되어 있거나 고갈되어 있다.

4 목 부위를 정확히 탐지하기 위해서는 턱을 들어 올려야 한다. 턱의 내부 오라에 방해받거나 목의 실제 상태와 혼동해서 제대로 탐지를 하기가 쉽지 않다.

5 폐를 탐지할 때는 앞면에서 하는 것보다 뒷면과 옆면에서 해야 정확한 결과를 얻을 수 있다. 유두는 두 개의 작은 차크라를 가지고 있어 폐의 정확한 탐지를 방해하기 쉽다. 상급 테크닉은 손바닥 전체를 쓰는 대신에 손가락 두 개를 사용하여 폐의 앞, 뒤, 옆을 탐지한다.

6 감정이 원인인 많은 질환들이 태양신경총 차크라에 부정적인 영향을 미치므로 태양신경총 차크라에는 특별한 주의를 기울여야 한다.

내부 오라 탐지 결과 해석하기

1. 환자를 탐지해 보면 내부 오라 중 어떤 곳은 움푹 꺼져 있거나 튀어나와 있는 것을 보게 된다. 움푹 꺼져 있는 것은 생명 에너지 고갈에 기인한다. 환부에는 생명 에너지가 고갈되어 있거나 충분하지 못하다. 환부 주변의 미세한 경락이 부분적으로 또는 심하게 막혀 있어 신선한 생명 에너지가 다른 부위에서 환부로 자연스럽게 흐르는 것을 막거나 환부에 활력을 주는 것을 막는다.

생명 에너지가 고갈된 경우 감염된 차크라에는 에너지는 고갈되어 있고 매우 탁하고 병든 에너지로 채워져 있다. 보통 부분적으로 불충분하게 활성화되어 있다.

2. 불쑥 튀어나와 있을 때는 생명 에너지 정체가 있음을 의미한다. 너무 많은 생명 에너지와 바이오플라스마(bioplasma) 물질이 환부 주변의 미세한 경로를 부분적으로 혹은 심하게 막히게 한다. 그러므로 생명 에너지와 바이오플라스마 물질은 자연스럽게 흐를 수 없다.

어느 정도 시간이 지나면 이 정체된 생명 에너지는 생명을 잃고 병들게 된다. 신선한 에너지가 자연스럽게 흘러 들어오지 못해 유입량이 크게 감소하기 때문이다. 또한 생명을 잃은 물질이 밖으로 자연스럽게 흘러 나가지 못해 유출량이 많이 줄어들기 때문이다.

생명 에너지가 정체되어 있는 경우 감염된 차크라는 그 에너지가 정체되어 있고 병든 에너지로 가득 차 있다. 보통 부분적으로 과도하게 활성화되어 있다.

3. 환부에 생명 에너지 정체와 고갈이 동시에 있을 수 있다. 이는 환부 중 어느 부위는 움푹 들어가거나 또 다른 부위는 불쑥 튀어나와 있음을 뜻한다.

예를 들면 간의 왼쪽 부위가 정체되어 있거나 불쑥 튀어나와 있고 오른쪽 부위가 고갈되거나 움푹 들어가 있다. 다른 예를 들어 보면, 심장의 왼쪽은 정체되어 튀어나와 있고 오른쪽은 심하게 고갈되어 있기도 한다.

4. 내부 오라가 작을수록 생명 에너지 고갈이 심한 것이다. 오라가 더 많이 튀어나올수록 환부의 정체가 심하다. 환부의 내부 오라가 작거나 클수록 병이 더 심각한 상태다.

5. 어느 부위에 잠깐 동안 생명 에너지 과잉이 될 수가 있는데 그런

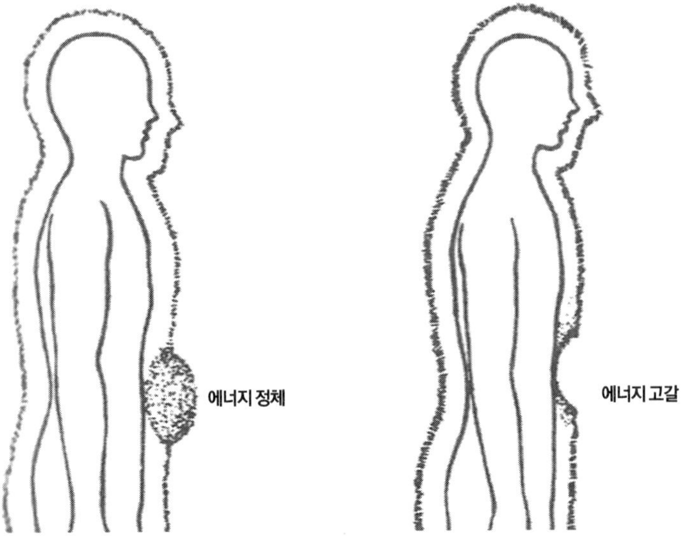

에너지 정체와 고갈

경우에는 문제가 없다. 예를 들어 오랫동안 앉아 있던 사람을 탐지해 보면 엉덩이 쪽에 내부 오라가 매우 크게 돌출되어 있다. 이 경우에는 주변의 통로들이 막히지 않았기 때문에 짧은 시간 내에 정상으로 돌아온다.

6. 또한 어느 부위에 잠깐 동안 생명 에너지 고갈이 되는 경우가 있는데 그런 경우도 역시 잘못되지는 않는다. 언쟁을 벌인 직후에는 태양신경총 부위의 생명 에너지가 일시적으로 감소된다. 몇 시간 정도 휴식을 취하면 상태가 정상으로 된다. 그러나 습관적인 언쟁이나 분노는 태양신경총 부위의 생명 에너지 고갈을 초래하며 복부질환이나

심장질환이 되기도 한다.

7. 환자의 육체 상태는 주의깊게 관찰해야 하며, 어떤 결론을 내리기 전에는 자세히 물어봐야 한다.

8. 앞에서 언급했듯이 질병은 보이는 육체에 나타나기 전에 먼저 에너지 바디에서 나타난다. 내과 검사 소견이 환부가 음성이거나 정상이라는 결과를 보여도 감염된 부위의 내부 오라에 생명 에너지 정체와 고갈이 있는 경우가 있다.

이런 경우에는 보이는 육체에 아직 병세가 나타나지는 않았다. 따라서 병이 육체적으로 나타나기 전에 반드시 에너지 힐링을 해야 한다.

손가락으로 탐지하기

손을 민감하게 한 뒤 손가락 두 개로 손바닥을 탐지해 본다. 손가락을 천천히 앞뒤로 움직여 손바닥의 내부 오라를 느껴본다. 손바닥 오라의 두께와 내부 오라의 여러 층을 느껴보도록 한다.

한 손가락으로 손바닥을 탐지해 본다. 손가락으로 탐지할 때는 손가락 끝에 항상 집중한다. 이것은 손가락의 부 차크라를 더욱 북돋우어 손가락을 더욱 민감하게 한다.

손가락과 손바닥으로 탐지할 때는 항상 손가락 끝과 손바닥 중심에 집중한다. 이것은 손과 손가락 차크라가 활성화된 상태로 유지되거나 더욱 활성화시켜 손과 손가락의 민감성을 증가시킨다.

손바닥으로 탐지하는 것만으로는 충분하지 않다. 손가락으로 탐지하는 것을 반드시 배워야 한다. 왜냐하면 손가락 탐지는 손바닥으로

손가락으로 내부 오라 탐지하기

하기 힘든 작은 부위를 올바르게 탐지하거나 찾아낼 때 필요하기 때문이다. 손바닥은 문제가 있는 작은 부위를 둘러싸고 있는 건강한 부위만을 느낀다. 문제가 있는 작은 지점은 건강한 부위에 의해 가려지기 때문이다.

예를 들면 눈에 문제가 있는 사람의 눈은 대개 생명 에너지가 고갈되어 있다. 그런데 주변의 내부 오라는 정상인 경우가 있다. 손바닥은 꽤 크지만 눈의 내부 오라는 지름이 약 5cm밖에 되지 않기 때문에 문제가 있는 작은 부위를 손바닥이 인식하지 못한다. 눈썹과 이마 주위의 건강한 오라만 느끼기 쉽다.

손가락을 사용하여 탐지를 하면 이러한 문제를 피할 수 있다. 척추도 손가락 하나나 두 개로 탐지하여 문제가 있는 작은 부위를 찾아내야 한다. 찾아낸 다음에는 쓸어내기를 하여 원인을 제거하고 에너지로 북돋아주어 생명 에너지가 원활히 흐르게 한다.

차크라 탐지하기

위의 그림처럼 옆면을 탐지하여 차크라 크기를 탐지한다. 차크라 상태가 정상인지 또는 크기가 작은지 큰지는 다른 차크라와 관련이 있다. 따라서 다른 차크라의 크기를 비교 측정하여야 한다. 예를 들면 목 차크라와 태양신경총 차크라가 약 15cm이고 다른 차크라가 약 10cm이면 목과 태양신경총 차크라가 과도하게 활성화된 것이다.

목 차크라가 약 5cm이고 다른 차크라가 약 10cm라면 목 차크라는 충분하게 활성화된 것이 아니다. 그러므로 차크라 상태를 교정하지 않으면 갑상선 기능 부전증(갑상선 기능 저하로 인한 호르몬 분비 부족)이 있거나 다른 육체적 질병으로 나타날 수 있다.

차크라 크기는 약과 약초의 영향을 받는다. 예를 들면 갑상선 기능

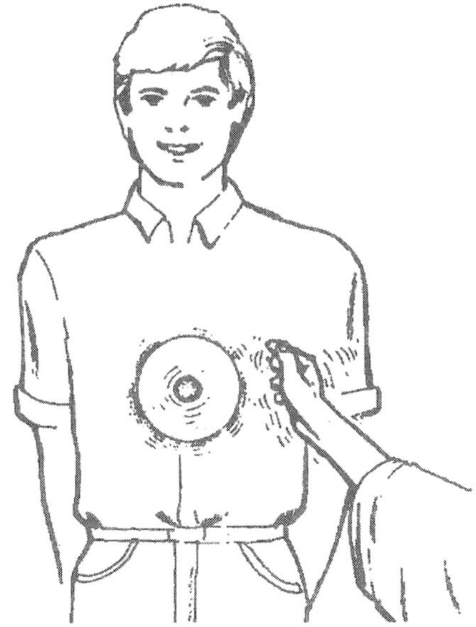

차크라 탐지하기

저하증(갑상선에서 분비되는 갑상선 호르몬이 부족해지는 증상) 환자를 탐지하면 목 차크라가 매우 작다는 것을 알 수 있다. 이 환자는 오랫동안 약을 먹고 있었는데, 이때 문제가 있는 차크라를 탐지하여 약의 복용량이 충분한지 아니면 줄여야 하는지를 결정할 수 있다. 또한 처방된 약이 효과가 있는지도 알 수 있다.

예를 들면 고혈압 환자는 명문 차크라가 과도하게 활성화되어 있다. 정상인의 경우 명문 차크라는 지름이 약 4~5cm 정도면 다른 차크라의 평균 크기가 약 8cm 정도 된다. 그러나 고혈압 환자의 차크라

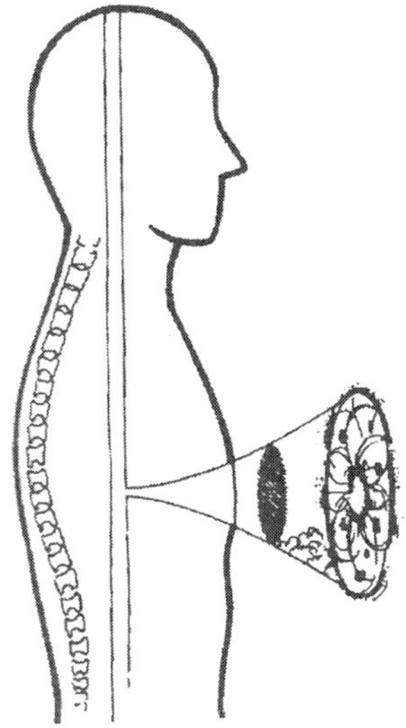

보호막에 구멍이 생겨 부정적인 엔티티와 엘리멘탈이 있는 경우

평균 크기가 약 8cm 정도면 명문 차크라의 크기는 약 8~13cm이거나 그 이상이 될 수도 있다.

만약 1~2시간 뒤에 명문 차크라의 지름이 여전히 같다면 약의 효과가 충분하지 않거나 복용량이 불충분하다는 것을 의미한다.

마음 차원에서 본 차크라 구조

차크라 뒤편 몸 표면에는 '에너지 막'이 있다 이 에너지 막은 지름이 2.5cm 정도로 차크라 보다 약간 작다. 이 에너지 막은 에테릭 막 또는 보호막이라고 하는데 외부의 부정적인 영향으로부터 사람을 보호하는 여과기 역할을 한다. 부정적인 생각이나 감정 습관을 품고 있으면 보호막에 금이 가거나 구멍이 생긴다.

부정적인 생각과 감정으로 가득차 있으면 부정적 상념체를 끌여들여 그것들이 보호막의 구멍이나 틈을 통해 들어온다. 이로 인해 정상적으로는 하지 못할 끔찍한 일을 하게 한다. 예를 들어 극단적으로 화가 나면 어느 차크라의 보호막이 파열된다. 화가 표출되는 순간 분노의 엔티티(entity)를 끌어당기게 되고 파열된 보호막을 통해 달라붙는다.

정신질환이 심하지 않으면 이 보호막에 금이 가 있을 뿐이지만, 증상이 심한 경우에는 큰 구멍이 나 있다. 이럴 경우 부정적인 에너지에 의한 정신적 침입을 쉽게 받게 된다.

3장

에너지 보호막 만들기

오라 보호막에는 여러 종류가 있다. 에테릭 오라 보호막, 아스트랄 오라 보호막, 멘탈 오라 보호막, 스피리추얼 오라 보호막 등. 극한적인 상황이 아니면 이 모두를 사용하는 경우는 드물다. 일상생활을 위해서는 에테릭 오라 보호막으로 충분하다.

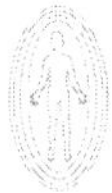

반복해서 얕잡아보거나 비난하는 행동은 심리적으로 심각한 손상을 주게 된다. 부정적인 생각이 오라 안으로 받아들여지게 된다.

오라 보호막

오라 보호막에는 여러 종류가 있다. 에테릭 오라 보호막, 아스트랄 오라 보호막, 멘탈 오라 보호막, 스피리추얼 오라 보호막 등. 극한적인 상황이 아니면 이 모두를 사용하는 경우는 드물다. 일상생활을 위해서는 에테릭 오라 보호막으로 충분하다.

스트레스 지수가 매우 높은 대도시에 살고 있다면 고의가 아니지만 정기적으로 발생하는 마음 공격을 막기 위해 에테릭 보호막을 사용할 수 있다. 이것은 에너지 오염으로부터 자신을 보호할 수 있고 에테릭 상해와 육체적 상해를 어느 정도 보호할 수 있다. 또한 내면의 안정과 명확한 정신 상태를 유지하기 위해서도 사용할 수 있다.

에테릭 오라 보호막 만드는 법

1 눈을 감는다. 기본 차크라나 척추 끝을 의식한다.

2 혀를 입천장에 연결한다.

3 깊은 프라닉 호흡을 한다. 일곱을 세면서 천천히 숨을 들이마신다. 하나를 셀 동안 숨을 멈춘다. 일곱을 세면서 천천히 숨을 내쉰다. 하나를 셀 동안 멈춘다. 에테릭 오라 보호막을 만드는 동안 프라닉 호흡(7-1-7-1)을 계속한다.

4 복숭아빛이나 타원형의 엷은 오렌지빛 램프가 앞에 있다고 시각화한다. 자신이 작아져서 타원형의 복숭아빛 램프 안으로 들어간다고 상상한다. 램프 안에 있다고 상상한다.

5 빛나는 엷은 오렌지빛의 투명한 보호막에 완전히 둘러싸여 (오라의 위, 가운데, 아래, 앞, 뒤, 꼭대기, 밑바닥) 있는 자신을 본다. 확신을 가지고 에테릭 오라 보호막이 매우 강하고, 파괴될 수 없다는 것을 느껴본다.

6 에테릭 보호막을 금속성의 엷은 오렌지빛으로 시각화한다.

7 프라닉 호흡을 아홉 번 정도 계속해서 한다.

8 조용히 확언한다.

"나는 모든 마음 공격과 에너지 오염으로부터 보호되었다. 나는 모든 위험과 상해로부터 보호되었다. 그렇게 된다. 이 보호막은 12시간 동안 지속된다. 그렇게 된다. 이 보호막은 견고하고 파괴할 수 없다. 이 보호막은 내부적으로는 투과가 된다. 그렇게 된다."[4]

에테릭 오라 보호막 만들기

9 또한 우주의 지고의 신, 영적 스승, 높은 존재로부터 신성의 축복을 기원할 수 있다.
"지고의 신께, 나의 영적 스승께, 모든 높은 존재에게, 모든 에너지 공격과 오염과 모든 상해와 위험으로부터 보호해 주심에 감사드립니다. 감사와 완전한 믿음으로. 그렇게 된다."[5]

보호막에 시간을 정하는 프로그램하기

보호막이 지속되는 시간을 반드시 지정해야 한다. 왜냐하면 만일 보호막에게 12시간 지속되라고 프로그램하지 않으면 짧은 시간 안에 사라지기 때문이다. 그러므로 보호받기를 원하는 기간 동안 지속되라고 의도한다. 상황에 따라 다르겠지만 보통 하루에 일하는 시간을 기준으로 12시간 지속되는 것으로 충분하다.

내부적으로 투과되는 보호막 만들기

보호막을 프로그램할 때 내부적으로는 투과가 되게 만들어야 한다. 이것은 외부 에너지 공격과 오염으로부터 보호하고, 자신으로부터 나오는 모든 부정적인 상념, 감정, 탁한 에너지는 보호막 밖으로 나갈 수 있게 하기 위함이다.

이런 방식으로 하면 화가 나도 화 에너지가 오라 안에 머무르지 않는다. 그러므로 이것은 보호막을 안전하게 만드는 방편이 된다. 보호막이 내부적으로 투과되지 않으면 자신의 부정적인 에너지 독소에 의해 해를 입는다.

그러나 이 내부적으로 투과되는 보호막에 약점이 하나 있다. 그것은 자신의 분노나 의심이 극심할 경우 쉽게 파괴될 수 있다는 점이다. 내부적으로 투과가 되지 않는 보호막은 내부적으로 투과되는 보호막보다 훨씬 더 강하다. 그러므로 위험한 상황에 마주치면 내부적으로 투과되지 않는 보호막을 만드는 것이 좋다. 이때 보호막은 단지 몇 시간 동안만 지속되게 한다. 그렇지 않을 경우 자기 자신의 독소에 의해 해를 입을 수 있으며, 이것은 정신적인 불안으로 나타난다.

보호막을 핑크 황금빛으로 칠하기 : 주변 사람에게 부정적인 에너지가 가지 않도록

보호막을 치면 누군가가 부정적인 상념을 보낼 경우 그 상념은 보호막을 비껴나 몇 배나 강해져서 보낸 사람에게 되돌아간다. 때문에 자신을 보호하는 보호막이 뜻하지 않게 사랑하는 사람이나 상해를 주고 싶지 않은 사람들에게 해를 끼칠 수 있다. 그러므로 반드시 보호막에 변환시키는 능력을 주어야 한다.

심장과 정수리 차크라에 집중한 다음 핑크빛이 도는 황금빛을 에테릭 보호막 주위에 덮어씌우거나 방사한다. 이때, 자신에게로 향한 모든 부정적인 생각과 에너지를 평온과 이해와 평화로 변환시킨다는 의도를 가지고 한다.

강한 보호막을 유지하는 원칙

보호막을 강하게 유지하기 위해 기억해야 될 것이 두 가지 있다.

첫째, 두려움이나 의심이 없어야 한다. 보호막을 만들 때 보호막이 있어 자신을 보호하고 부정적인 에너지나 상념이 침입할 수 없다는 확고한 확신이 있어야 한다. 두려움이나 의심의 신호를 보이는 순간 보호막은 약해지고 침입을 받을 수 있다. 두려움이나 의심을 가지고 있는 사람의 보호막을 투시해 보면 흔들리거나 수축되어 있다.

둘째, 화를 내지 마라. 반드시 평온해야 한다. 내부적으로 투과되는 보호막을 만들었으면 화를 내는 순간 보호막은 사라진다.

의심, 두려움, 화 등 이러한 모든 것들은 오라 보호막에 해롭다. 보호막을 약하게 하고 붕괴시킨다. 내부적 투과가 되지 않는 보호막은 내부적 투과가 되는 보호막보다 강할 수밖에 없는데 두려움, 의심, 화로 인해 약화된다거나 영향을 받지 않기 때문이다.

그러나 앞에서도 이야기했듯이 자신의 생각과 감정을 조절하지 않으면 자신의 독소에 해를 입을 위험이 있다. 이 때문에 일상생활을 위해서는 내부적 투과가 되는 보호막을 하는 것이 바람직하다.

다른 사람 또는 물건에 에테릭 보호막 만들기

보호막을 만드는 테크닉은 자신뿐만 아니라 다른 사람에게도 적용할 수 있다. 예를 들면 자녀를 불량한 친구나 또는 다른 친구들의 건강하지 못한 영향력으로부터 보호하기 위해 보호막을 사용할 수 있다. 또는 자신의 차나 집을 범죄로부터 보호할 수 있다.

집을 예로 들어보자. 집은 몸보다 훨씬 더 크다는 인식 때문에 보호막을 만드는 것이 어렵다고 생각할 수가 있다. 이러한 생각의 제약을 제거하기 위해 집을 작게 시각화하고 그 다음 보호되었다고 시각화한다. 이런 방식으로 하면 의식은 방해하지 않을 것이다.

차에 보호막 씌우기

자신이 투시가이거나 투시가 되는 친구가 있으면 친구에게 집이 보호되었는지를 보도록 한다.* 투시가 되는 친구가 없으면 보호하기 전과 후에 탐지하여 보호막의 여부를 판단한다.

보호막을 만드는 행위는 '정묘한 에너지'를 소모함으로써 유지된다. 이 때문에 보호막은 시간이 지날수록 점차 약해지면서 사라진다. 그러므로 보호막을 재충전하고 다시 만들어야 할 필요가 있다. 집이나 차를 24시간 동안 보호할 수 있으며, 더욱 능숙해지면 며칠, 몇 주, 몇 달간 지속되는 에테릭 보호막을 만들 수 있다.

---

* 정상적인 눈으로는 감지가 어려운 마음 에너지를 볼 수 있는 사람이 소수 있다. 타고난 경우도 있고 훈련으로 그런 능력을 습득한 경우가 있는데, 국내에는 그런 초능력자가 많지는 않다. –역주

다른 형태의 보호막 :
아스트랄, 멘탈, 스피리추얼 보호막

다른 형태의 보호막을 만드는 것을 배우고자 한다면 다음을 참고하기 바란다. 아스트랄 보호막을 만들기 위해서는 심장 차크라에 집중한다. 멘탈 보호막은 미간 차크라에, 스피리추얼 보호막은 정수리 차크라에 집중한다.

아스트랄 보호막은 감정적인 보호를 위해 사용된다. 아스트랄과 스피리추얼 보호막은 에테릭 오라 보호막과 관련하여 사용한다. 해로운 상념과 에너지를 평화와 조화로운 에너지로 변화시키는 변형 능력을 에테릭 보호막에 주게 된다. 이것은 앞에서 이미 다뤘다. 멘탈 보호막은 생각을 명확하고 객관적으로 할 수 있게 한다.

내면의 평화와 평온을 얻는 아스트랄 보호막 만들기

아스트랄 보호막을 사용하여 에테릭 보호막의 효능을 더 향상시킬 수 있으며, 심리적으로 혼란한 상황에서 내면의 평화와 평온을 얻을 수 있다. 심장에 문제가 있는 사람은 이 테크닉을 사용하면 안 된다. 상태를 더 악화시킬 수 있다. 핑크빛이나 황금빛을 시각화하여 아스트랄 보호막을 만든다.

1. 심장 차크라에 집중한다.
2. 깊은 프라닉 호흡을 한다. 일곱을 세면서 천천히 숨을 들이마신다. 하나를 셀 동안 멈춘다. 일곱을 세면서 천천히 숨을

아스트랄 보호막 만들기

내쉰다. 하나를 셀 동안 숨을 멈춘다. 아스트랄 보호막을 만드는 동안 프라닉 호흡(7-1-7-1)을 아홉 번 한다.

3 핑크빛이 자신을 둘러싸고 있다고 시각화한다. 핑크빛의 타원형 램프를 시각화한다. 자신이 작아지고 타원형 핑크빛 램프 안으로 들어간다고 시각화한다. 자신이 램프 안에 있

다고 시각화한다.

4 빛나는 핑크빛의 투명한 보호막에 완전히 둘러싸여 있다고 시각화한다.

5 아스트랄 보호막을 금속성 핑크빛이라고 시각화한다.

6 조용히 확언한다.

"나는 모든 형태의 감정적 공격과 오염으로부터 보호되었다. 그렇게 된다. 이 보호막은 난공불락이다. 그렇게 된다. 이 보호막은 무적이다. 감정적으로 침투할 수 없다. 그렇게 된다. 이 보호막은 12시간 동안 지속된다. 그렇게 된다. 이 보호막은 내부적으로 투과가 된다. 내가 의도한 대로 된다."[6]

생각을 명확하게 하는 멘탈 보호막 만들기

멘탈 방호막은 최대한 명확한 정신을 유지하고 싶을 때 사용한다. 거대한 민족 또는 국가가 지닌 상념체로부터 보호하기 위해 사용한다. 이 거대한 상념체를 '집단상념체(egregor)'라 한다.

집단상념은 문화적 조건이나 편견으로 나타나며, 좋은 집단상념과 나쁜 집단상념이 있다. 인종 차별주의 집단상념, 종교적인 집단상념, 과학적인 집단상념, 의학적인 집단상념 등이 있다.

집단상념은 오랜 기간 동안 많은 사람들의 생각에 의해 창조되므로 매우 강력하다. 나치의 집단상념은 여전히 강하다. 이 때문에 오늘날까지도 세상에 드러나지는 않지만 신나치주의자들이 존재한다.

보통 사람은 대부분 집단상념 때문에 어떤 주제에 대해 객관적으로 생각할 수 없다. 멘탈 보호막은 생각을 명확하게 하는 데 유용하다. 멘탈 오라 보호막에다 아스트랄, 스피리추얼 오라 보호막을 사용하여 보충할 수 있다.

멘탈 보호막을 만들기 위해 노란빛이나 보랏빛을 사용할 수 있다.

1 미간 차크라나 눈썹 사이에 집중한다.

2 깊은 프라닉 호흡을 한다. 일곱을 세면서 천천히 숨을 들이마신다. 하나를 셀 동안 멈춘다. 일곱을 세면서 천천히 숨을 내쉰다. 하나를 셀 동안 숨을 멈춘다. 멘탈 보호막을 만드는 동안 프라닉 호흡(7-1-7-1)을 아홉 번 한다.

3 노란빛이 자신을 둘러싸고 있다고 시각화한다. 노란빛의 타원형 램프를 시각화한다. 자신이 작아지고 타원형 노란빛 램프 안으로 들어간다고 시각화한다. 자신이 램프 안에 있다고 시각화한다.

4 빛나는 노란빛의 투명한 보호막에 완전히 둘러싸여 있다고 시각화한다. 확신을 가지고 멘탈 보호막이 깨지지 않고 매우 강하다는 것을 느껴본다.

5 멘탈 보호막을 금속성 노란빛이라고 시각화한다.

6 조용히 확언한다.

"나는 모든 형태의 정신적 공격과 영향과 오염으로부터 보호되었다. 그렇게 된다. 이 보호막은 난공불락이다. 그렇게 된

멘탈 보호막 만들기

다. 이것은 무적이다. 정신적으로 침투할 수 없다. 그렇게 된다. 이 보호막은 12시간 동안 지속된다. 그렇게 된다. 이 보호막은 내부적으로는 투과가 된다. 내가 의도한 대로 된다."[7]

다른 보호막을 더 강화시키는 스피리추얼 보호막 만들기

스피리추얼 보호막은 다른 보호막을 강화시키고 보강한다. 꼭 필요할 때만 사용해야 한다. 이 테크닉은 매우 강력하다. 매일 또는 정기적으로 하면 쿤달리니 신드롬(78쪽 참조)을 초래할 수 있는데 이것은 치유하기 어렵다. 그러므로 너무 자주 사용하면 안 된다.

1 정수리에 집중한다.

2 깊은 프라닉 호흡을 한다. 일곱을 세면서 천천히 숨을 들이마신다. 하나를 셀 동안 멈춘다. 일곱을 세면서 천천히 숨을 내쉰다. 하나를 셀 동안 숨을 멈춘다. 스피리추얼 보호막을 만드는 동안 프라닉 호흡(7-1-7-1)을 아홉 번 한다.

3 찬란한 흰빛이나 일렉트릭 바이올렛빛이 자신을 둘러싸고 있다고 시각화한다. 찬란한 흰빛이나 일렉트릭 바이올렛빛의 타원형 램프를 시각화한다. 자신이 작아지고 타원형 핑크빛 램프 안으로 들어간다고 시각화한다. 자신이 램프 안에 있다고 시각화한다.

4 찬란한 흰빛이나 일렉트릭 바이올렛빛 보호막에 완전히 둘러싸여 있다고 시각화한다. 확신을 가지고 스피리추얼 보호막이 깨지지 않고 매우 강하다는 것을 느껴본다.

5 스피리추얼 보호막을 금속성의 찬란한 흰빛이나 일렉트릭 바이올렛빛이라고 시각화한다.

6 조용히 확언한다.

스피리추얼 보호막 만들기

"나는 모든 형태의 공격과 모든 손상과 위험으로부터 보호되었다. 그렇게 된다. 이 보호막은 난공불락이다. 그렇게 된다. 이것은 무적이다. 이 보호막은 영적으로 침투할 수 없다. 그렇게 된다. 이 보호막은 12시간 동안 지속된다. 그렇게 된다. 이 보호막은 내부적으로는 투과가 된다. 내가 의도한 대로 된다."[8]

보호막의 형태	차크라	빛깔
에테릭 보호막	기본 차크라	복숭아빛, 오렌지빛
아스트랄 보호막	심장 차크라	핑크빛, 황금빛
멘탈 보호막	미간 차크라	노란빛, 보랏빛
스피리추얼 보호막	정수리 차크라	일렉트릭 바이올렛빛

오라 보호막의 형태

에너지 오염을 최소화하는 에테릭 장갑

사업상의 미팅, 회합이나 외교상의 임무 때문에 많은 사람과 악수할 필요가 있을 때가 있다. 악수로 인한 에너지 오염을 최소화하기 위해서 에테릭 장갑(etheric glove)을 만들 수 있다.

에테릭 장갑 만들기

1 눈을 감는다. 척추의 끝이나 기본 차크라에 집중한다.

2 혀를 입천장에 붙인다.

3 깊은 프라닉 호흡을 한다. 일곱을 세면서 천천히 숨을 들이마신다. 하나를 셀 동안 멈춘다. 일곱을 세면서 천천히 숨을 내쉰다. 하나를 셀 동안 숨을 멈춘다. 에테릭 장갑을 만드는 동안 프라닉 호흡(7-1-7-1)을 아홉 번 한다.

4 복숭아빛이나 옅은 오렌지빛의 공이 양손을 둘러싼다고 시각화한다.

5 빛의 공이 손을 감쌀 때까지 끌어들이거나 줄인다.

6 조용히 확언한다.

"나는 모든 오염으로부터 보호되었다. 그렇게 된다. 이 보호막은 5시간 동안 지속된다(원하는 시간을 지정한다). 이 보호막은 내부적으로는 투과가 된다. 그렇게 된다."[9]

에테릭 장갑이 더 이상 필요 없으면 벗어서 소금물 양동이에 던져 넣는다고 시각화한다. 손을 물로 씻거나 소금물 또는 비누로 씻는다.

민감한 사람들을 위한 에테릭 바디에 밀착하는 보호막

오랫동안 채식만 했거나 명상을 했으면 상당히 민감하다. 다른 사람과 교류함에 있어 통증이나 불편함, 불쾌함 등을 느낄 수 있다. 사람들과 가까이 접촉하면 에테릭 보호막은 에너지 오염으로부터 당신을 보호하지 못한다. 왜 그럴까?

주변에 있는 사람들이 이미 에테릭 보호막 안에 있기 때문이다. 이때는 몸에 딱 달라붙는 보호막을 만들어서 해결할 수 있다. 이 보호막은 반드시 내부적으로는 투과가 되어야 한다. 이 점이 매우 중요하다.

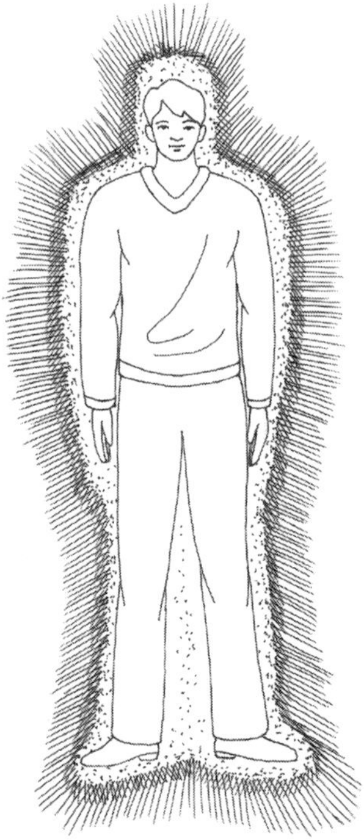

에테릭 바디에 밀착된 보호막

몸에 딱 달라붙는 보호막은 대중교통을 이용할 때나 극장에서와 같이 다른 사람들과 오랫동안 가까이 접촉할 때 유용하다. 담배를 많이 피는 사람 옆에 앉아 있을 때 불쾌하거나 심지어 괴로움을 느꼈던 적이 있었을 것이다. 이 때문에 몸에 밀착하는 보호막을 만들어 육체적 근접으로 인해 생기는 에너지 오염을 피하거나 최소화한다.

몸에 밀착하는 보호막 만들기

1 에테릭 보호막을 만든다.

2 에테릭 보호막을 끌어들이거나 줄여 몸을 감싸게 한다. 이것을 몸에 밀착하는 보호막을 만들었다고 표현한다.

3 보호막은 내부적으로는 투과가 되어야 한다. 이것이 매우 중요하다.

두 가지 보호막을 동시에 만들 수도 있다. 몸에 밀착된 보호막과 에테릭 보호막, 이런 방법을 이용해 두 겹으로 보호를 하게 된다. 또한 이들 두 개의 보호막을 몸에 밀착된 스피리추얼 보호막을 만들어 더욱 보강할 수도 있다.

몇 시간 뒤에 육체적 또는 정신적으로 불편함이 느껴지면 몸에 딱 달라붙는 보호막을 없애 버린다. 불편함이 느껴진다는 것은 올바르게 만들어지지 않았음을 의미한다. 자신에게서 나온 부정적인 에너지 독소로 인해 고생할 수 있다.

몸에 밀착된 보호막이 내부적 투과가 되지 않을 경우 에너지 구멍이 있는 보호막을 만든다. 이 구멍이 모든 부정적인 상념과 감정, 사용된 에너지, 병든 에너지를 내보내는 배출구가 된다.

몸에 밀착된 보호막 테크닉은 위대한 영적 스승이나 중국의 무술 대가가 철저히 보존한 비법이다. 이제야 이 간단하고 귀중한 테크닉이 대중에게 공개된 것이다. 인도네시아에서는 이 몸에 달라붙는 보호막을 '카발(kabal)'이라고 한다. 필리핀의 비콜(Bicol) 지역에서도 또한 '카발'이라고 한다. 그러나 카발은 에너지 보호막이라기보다는 육체적 보호막으로 프로그램 되었다.

중국 무술에서도 어느 정도 상처를 입지 않기 위해 몸에 밀착된 보호막을 사용한다. 그러나 이것은 사용된 탁한 에너지를 배출하는 에너지 구멍, 즉 약점을 가지고 있다.

고대 문학에는 몸에 달라붙는 보호막을 입은 사람들의 이야기가 나온다. 그리스 신화는 불사신이라 여겨졌던 강력한 전사 아킬레스 이야기가 나온다. 그 역시 약점을 가지고 있었다. 그의 발뒤꿈치가 에너지 구멍이었다. 이 구멍 때문에 아킬레스는 살해당했다.

독일 전설에는 보호막을 가지고 있어 불사신으로 여겨졌던 지크프리트(Siegfried)가 있다. 적들 중 한 명이 그의 부인을 속여 부인으로부터 등에 있는 지크프리트의 약점을 알게 되었다. 이것을 알게 된 적은 바로 지크프리트의 에너지 구멍이 있는 등에 창을 던졌고, 지크프리트는 그 자리에서 죽었다.

4장

고급 테크닉

중급과 상급 단계에 해당하는 이 장에는 고급 테크닉들을 사용하기 쉽게 소개하였다.
고대로부터 많은 테크닉이 비밀로 보존되었지만 현재 어느 정도 밝혀졌으며,
이 중에는 동양의 비전 무술에서 사용하는 것들도 있다.
이 장에서는 이러한 비밀리에 전해 내려온 방법들을 명쾌하고 간단한 형태로 공개한다.

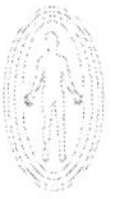

사람이 불쾌한 것이나 무례한 말에 감정적으로 반응하면 오라 보호막이 약해지기 쉽고 금이 가거나 구멍이 날 수 있다.

중급과 상급 단계에 해당하는 이 장에는 고급 테크닉들을 간단하고 사용하기 쉽게 소개하였다. 고대로부터 많은 테크닉이 비밀로 보존되었지만 현재 어느 정도 밝혀졌으며, 이 중에는 동양의 비전 무술에서 사용하는 것들도 있다. 이 장에서는 이러한 비밀리에 전해 내려온 방법들을 명쾌하고 간단한 형태로 공개한다. 순서가 수정되고 간략화되어 많은 독자들이 여기에 소개된 테크닉들을 즉시 적용해 볼 수 있다.

에너지 공격을 전환시키는 방법

전환 테크닉은 에너지 오염이나 공격을 표적으로부터 전환하기 위해 임의의 물건을 사용한다. 누군가가 마음 공격을 하면 부정적인 상념과 감정이 자신에게 해를 끼치지 못하게 그 공격이 에너지 표적을 전환시키는 물건으로 향하게 된다. 표적을 전환시키는 물건에는 연수정이나 검은 전기석을 사용할 수 있다.

만일 크리스털을 사용하고자 한다면 먼저 정화해야 한다. 흐르는 물에 비누로 씻는다. 그 다음 흐르는 물에 손가락으로 2~3분 동안 문지른다. 혹은 양동이에 물 1리터와 두 주먹 분량의 소금을 넣는다. 완전히 섞은 뒤 크리스털을 넣는다. 소금물에 크리스털을 1~2분 동안 문지른다. 크리스털을 향해 탁한 에너지를 물과 소금 용액에 배출하라고 명령한다. 그리고 크리스털을 말린다.

정수리와 손 차크라 테크닉을 사용하여 크리스털을 더 정화하여 에너지 흔적과 프로그램을 제거한다.

1. 혀를 입천장에 붙인다.

2. 정수리와 손에 집중한다.

3. 이전의 모든 프로그램과 에너지 흔적을 제거한다는 의도를 가지고 크리스털을 찬란한 흰빛이나 일렉트릭 바이올렛빛으로 10분 정도 쓸어낸다.

크리스털을 에너지 표적으로 전환시키는 방법

1 크리스털을 정화한 뒤 7-1-7-1 프라닉 호흡을 한다. 일곱을 세면서 천천히 숨을 들이마신다. 하나를 셀 동안 멈춘다. 일곱을 세면서 천천히 숨을 내쉰다. 하나를 셀 동안 숨을 멈춘다. 이 과정을 다섯 번 반복한다.

2 손바닥을 크리스털로 향하게 하고 프라닉 호흡을 열두 번 더 한다. 동시에 크리스털을 향해 방사하는 생명 에너지를 흡수하라고 지시한다.

3 오른손으로 크리스털을 잡는다.

4 집중해서 부드럽지만 단호하게 크리스털에게 지시한다.
"고의적이거나 비고의적이거나 나에게 향해진 모든 에너지 공격을 즉시 흡수하라. 에너지 오염이 될 수 있는 것이 나에게 접촉하기 전에 모두 흡수하라. 그렇게 된다."[10]
이것을 세 번 반복한다.

5 "흡수된 모든 부정적인 에너지를 분해하고 소금물로 방출하라. 그렇게 된다."[11]
이것을 세 번 반복한다.

6 크리스털의 오라를 엷은 흰빛을 띤 파란빛으로 칠하여 방사된 에너지를 안정시키거나 축복을 내린다. 크리스털의 효능을 보존하거나 에너지가 새는 것을 방지하기 위해 안정시켜야 한다.

7 크리스털을 프로그램한 뒤 소금물 양동이에 넣는다. 앞서와 마찬가지로 두 주먹 분량의 소금이면 충분하다. 물은 미묘한 차원의 좋은 에너지와 나쁜 에너지를 모두 흡수하는 능력이 있다. 소금은 부정적인 에너지를 분해한다.

8 소금물을 매일 새것으로 갈아준다. 사용한 소금물은 화장실에 버린다.

전환 테크닉 : 에너지 공격을 전환 표적인 크리스털로 향하게 한다.

9 크리스털을 목욕탕에 두어도 된다.

크리스털 재정화하기

물은 탁한 에너지를 흡수하는 능력이 있으나 제한적이다. 그러므로 소금물을 매일 바꾸는 것이 바람직하다. 크리스털을 정화하는 효과가 있기 때문이다.

크리스털 재프로그램하기

크리스털에 주입된 프로그램이 시간이 지날수록 무너지기 쉽다. 1주일마다 크리스털을 재프로그램하는 것이 바람직하다. 크리스털을 쳐다보면서 부드럽게 그러나 단호하게 크리스털에게 이전에 프로그램한 명령을 지시한다. 지시는 세 번 반복해야 한다.

크리스털 대신에 사용하는 것

크리스털이 없는 경우에는 다음과 같은 것을 사용할 수 있다. 계란, 사과, 감자, 바나나, 망고나 다른 유기물을 전환시키는 표적으로 사용할 수 있다. 에너지 표적으로 삼은 물건을 향해 당신에게 향해진 모든 에너지 공격과 오염을 즉시 흡수하라고 지시한다. 지시를 세 번 반복한다.

사용된 계란이나 과일 등은 땅에 묻거나, 태우거나, 버린다. 애완동물을 포함하여 그 누구도 에너지 전환 표적으로 삼았던 음식을 먹어서는 안 된다.

공격을 전환시키는 또 다른 테크닉 : 뿌리내리기

뿌리내리기(rooting) 테크닉은 전환 테크닉의 일부다. 전환시킬 에너지 표적으로 지구를 사용한다. 두 가지 종류가 있으며, 주 뿌리내리기(main rooting)와 부 뿌리내리기(secondary rooting) 테크닉이 그것이다.

주 뿌리내리기 테크닉은 뿌리의 근원으로 기본 차크라를 사용한다. 사실 누구나 지구와 연결된 에너지 뿌리를 가지고 있다. 의도적으로 '창조하면' 당신은 실제로 더 강해진다.

에너지 시스템(오라, 에너지 바디, 에너지 뿌리)을 향해 당신에게 향해진 모든 에너지 공격, 부정적인 상념과 감정을 에너지 뿌리를 통해 지구로 쏟아 버리게 한다.

주 뿌리내리기 테크닉 방법

1. 기본 차크라나 척추의 끝에 집중한다.
2. 프라닉 호흡을 한다. 일곱을 세면서 천천히 숨을 들이마신다. 하나를 셀 동안 멈춘다. 일곱을 세면서 천천히 숨을 내쉰다. 하나를 셀 동안 숨을 멈춘다. 뿌리를 만드는 동안 적어도 아홉 번 프라닉 호흡(7-1-7-1)을 한다.
3. 척추의 끝에서 빛의 뿌리가 지구 속으로 5m 정도 뻗어 나간다고 시각화한다.
4. 뿌리에 작은 곁뿌리가 만들어지는 것을 시각화한다.
5. 조용히 확언한다.

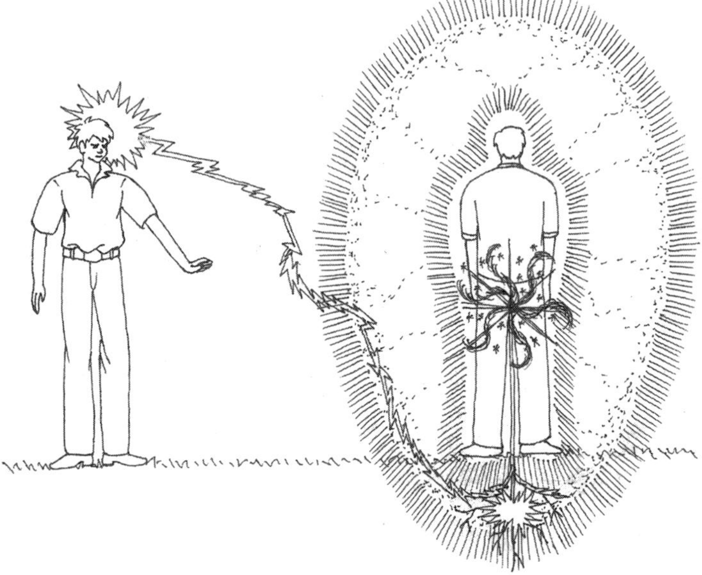

주 뿌리내리기 테크닉 : 기본 차크라를 통해 뿌리를 내린다.

"나에게로 향해진 모든 에너지 공격과 오염이 즉시 지구로 흘러내릴 것을 명한다. 그렇게 된다. 어머니 지구에게, 나에게로 향해진 모든 에너지 공격과 오염을 흡수하여 주심에 감사드립니다. 그렇게 된다. 나는 에너지 뿌리와 프로그램이 7일 동안 지속될 것을 명한다. 그렇게 된다."[12]

다음은 부 뿌리내리기 테크닉이다. 발바닥 부 차크라는 기본 차크라의 연장이기 때문에 그렇게 이름이 지어졌다. 비전의 무술을 행하는 사람들도 뿌리내리기를 한다. 발바닥 차크라를 뿌리내리기의 근원으로 사용한다. 타인이 당신에게 던지는 해로운 에너지를 지구로 향하게 에너지 시스템을 프로그램하여 육체적 손상을 최소화시킬 수 있다.

부 뿌리내리기 테크닉 방법

1. 발바닥에 집중한다.
2. 프라닉 호흡을 한다. 일곱을 세면서 천천히 숨을 들이마신다. 하나를 셀 동안 멈춘다. 일곱을 세면서 천천히 숨을 내쉰다. 하나를 셀 동안 숨을 멈춘다. 뿌리를 만드는 동안 적어도 아홉 번 프라닉 호흡(7-1-7-1)을 한다.
3. 발바닥에서 빛의 뿌리가 땅 속으로 5m 정도 뻗어 내려간다고 시각화한다.
4. 뿌리가 작은 곁뿌리를 만들어내는 것을 시각화한다.
5. 조용히 확언한다.

   "나에게로 향해진 모든 에너지 공격과 오염이 즉시 지구로 흘러내릴 것을 명한다. 그렇게 된다. 어머니 지구에게, 나에게로 향해진 모든 에너지 공격과 오염을 흡수하여 주심에 감사드립니다. 그렇게 된다. 나는 에너지 뿌리와 프로그램이 7일 동안 지속될 것을 명한다. 그렇게 된다."

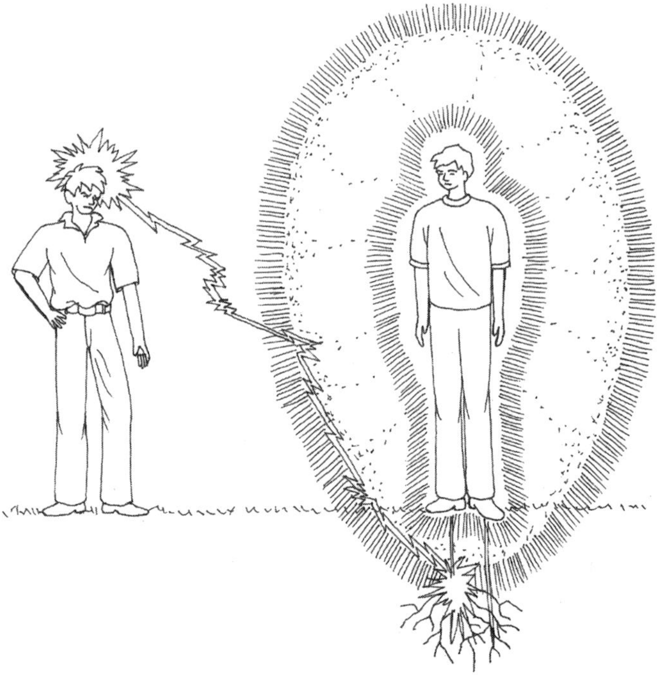

부 뿌리내리기 테크닉 : 발바닥 차크라를 통해 뿌리를 내린다.

오라 소용돌이 테크닉

'오라 소용돌이 테크닉' 또는 '소용돌이 테크닉(whirling technic)'을 하는 방법에는 두 가지가 있다.

첫 번째 방법은 오라가 시계 방향으로 열두 번 소용돌이친다고 상상한다. 소용돌이 테크닉을 할 때 혀를 반드시 입천장에 붙인다. 조용히 확언한다.

“모든 에너지 공격과 오염은 비껴가고 지구로 흘러내린다. 그렇게 된다.”

오라 소용돌이 테크닉은 마음 공격이나 해로운 에너지 공격이나 오염을 지구로 흘러내리게 한다. 의지와 시각화를 이용하는 소용돌이 테크닉의 효과는 하는 사람의 기술에 따라 4~6시간이나 그 이상

소용돌이 테크닉 1 : 오라가 시계방향으로 열두 번 소용돌이 친다고 시각화한다.

소용돌이 테크닉 2 : 몸을 시계 방향으로 열두 번 회전시킨다.

간다.

이 테크닉은 사람이 말로 학대받거나 정신적으로 공격을 받았을 때 매우 효과적이다. 에너지 공격을 지구로 전환시키는 뿌리내리기 테크닉과 유사하다.

두 번째 방법은 몸을 시계 방향으로 열두 번 회전하는 것이다. 혀는 반드시 입천장에 붙여야 한다. 첫 번째 방법에 사용했던 확언을 한다.

몸으로 하는 소용돌이 테크닉은 하루에 한두 번 할 수 있다.

이것은 의지력이나 시각화를 이용하는 것만큼 강력하지 않으며 오래 지속되지도 않는다. 그럼에도 불구하고 매우 실용적인 에너지 자기 방어로 즉석에서 사용할 수 있다. 간단하다고 과소평가하지 마라. 이 테크닉도 분명 효과가 있다.

스트레스가 많은 상황에서 일하는 사람은 소용돌이 테크닉을 에너지 보호를 위해 하루에 두세 번 할 수 있다. 공격적이거나 성질이 고약한 상사와의 미팅 전에 또는 스트레스가 많고 질책을 받게 되는 회의 전에 또는 사이가 틀어진 동료와 대화하기 전에 사용할 수 있다.

어린아이들은 이 테크닉을 배워 부모의 불화 때문에 발생되어 방사되는 해로운 에너지로부터 자신을 보호할 수 있다. 매우 간단하지만 효과적인 에너지 자기 방어 테크닉은 오랜 기간 동안 비밀로 보존되어 왔다.* 이제야 필자가 일반인들에게 알릴 수 있게 되었다. 소용돌이 테크닉을 뿌리내리기 테크닉과 함께 결합해서 사용하면 매우 강력하여 정신적인 상해를 입지 않게 만든다.

에너지 진공청소기

스트레스 에너지로 가득찬 사무실에서 일하고 있다고 상상해 보라. 문에 들어서는 순간 불편하고, 약해지고 심지어 아프기까지 하다. 사무실

* 기공에서 돈을 줄지언정 공법은 안 가르쳐 준다는 말이 있듯이 에너지 차원에서의 기술도 공개하지 않는 경향이 있기 때문인 것으로 보인다. —역주

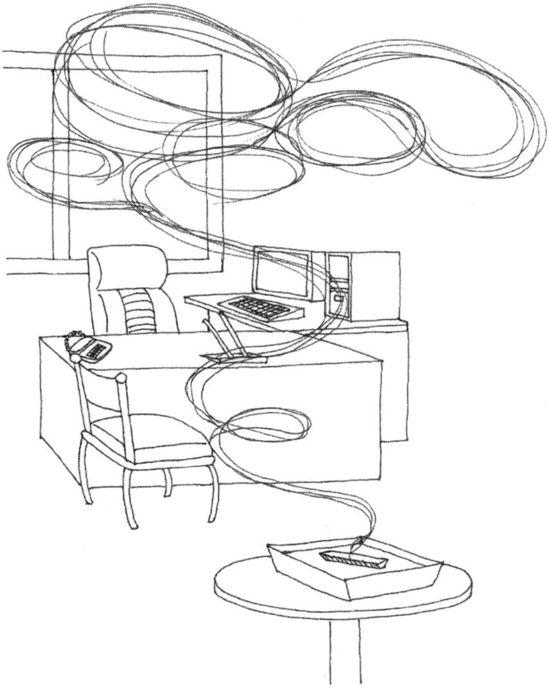

에너지 진공청소기 : 사무실에서

에 떠다니는 부정적이고 스트레스로 가득한 에너지를 어떻게 깨끗이 할 것인가?

부부가 문제를 가지고 있다고 상상해 보라. 남편과 아내에 의해 생성된 공격적인 에너지는 아이들을 오염시키기 쉽다. 그 결과 아이들은 학교에서 나쁜 행동을 하고, 알콜중독이나 약물중독에 빠질 수 있으며, 심지어 폭력적이 되기도 한다. 이때 아이들을 어떻게 보호할 것

에너지 진공청소기 : 집에서

인가? 에너지 진공청소기를 쓰는 것이 하나의 해결책이 될 수 있다.

작은 연수정, 검은 전기석이나 짙은 녹색 전기석을 구한다. 크리스털에게 사무실이나 집 주위에서 떠다니는 탁한 에너지와 부정적인 상념들을 철저하게 모두 흡수하고 분해하고 소금물에 쏟아내라고 명령한다.

크리스털을 물 2리터와 한줌의 소금이 들어 있는 양동이에 담가둔다. 물을 1주일에 2~3번 교체한다. 크리스털을 1주일에 한 번 정화하고, 재충전하고, 재프로그램한다. 이것을 하기 전에는 먼저 크리스털에게 하고 있는 일을 멈추라고 한다(115쪽의 '크리스털을 에너지 표적으로 변환시키는 방법'을 참조).

선인장으로 탁한 에너지 분해하기

크리스털이나 검은 전기석이 없으면 선인장을 대신 사용할 수 있다. 선인장의 뾰족한 가시는 어느 정도 공간을 정화하는 효과가 있다. 가시는 분해하고 정화하는 효과를 지닌 날카로운 에너지를 방사한다. 이 때문에 무의식적으로 집이나 사무실에 선인장을 놓아두는 사람이 있다.

선인장을 에너지 분해자로 사용하기 위해서는 선인장에게 다음과 같이 지시한다.

"선인장아 내 말을 따르라. 사무실(또는 집)에 떠돌아다니는 탁한 에너지, 부정적인 상념, 부정적인 엘리멘탈을 분해하라. 또한 사무실(또는 집) 안의 벽이나 바닥에 스며들어 있는 모든 탁한 에너지를 분해하라."

이것을 매일, 1주일에 7번, 1년에 365일을 하라. 상황에 따라 '탁한 에너지' 대신에 '스트레스 에너지'나 '화 에너지'라는 표현을 넣어 사용해도 된다.

부정적인 에너지를 분해하는 선인장 : 사무실에서

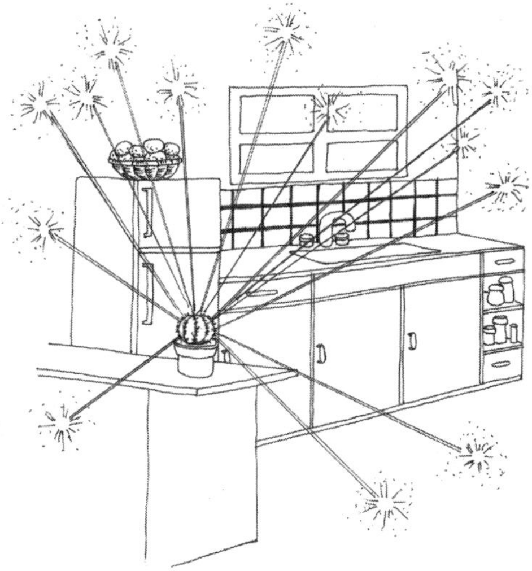

부정적인 에너지를 분해하는 선인장 : 집에서

선인장이 한 장소를 정화하기 위해 방의 크기, 방 안에 있는 탁한 에너지의 양, 선인장의 크기 등에 에 따라 30분에서 2~3시간이 걸린다. 선인장의 에너지 분해 능력을 향상시키기 위해 프라닉 호흡(7-1-7-1)을 열두 번 정도 하여 생명 에너지를 북돋워준다.

사람이 붐비는 음식점이나 술집 등의 에테릭 에너지가 탁한 장소에 선인장을 놓아두는 것도 바람직하다. 정화시키는 것이 목적이며, 화장실에도 선인장을 놓아두면 좋다. 아메리칸 샤먼들은 에너지 차원의 다른 목적과 보호를 위해 식물을 사용한다.

향으로 공간 정화시키기

향을 이용하여 에너지가 탁한 장소를 정화시킬 수 있다. 여러 종류의 향이 있는데, 실험에 근거하면 향과 향수는 특별한 목적을 가진 특정한 형태의 에너지를 생성한다.

예를 들면 산달우드를 태우면 정화 효과가 있는 녹색빛의 미립자를 만들어낸다. 장미는 핑크빛 에너지를 가지고 있어 평온하고 평화로워지고자 할 때 사용할 수 있다.

어떤 장소나 공간을 정화하기 위해 산달우드, 세이지, 라벤더 향을 사용할 수 있다. 또한 더욱 효과적으로 정화하기 위해서는 향을 태울 때 기도를 하는 것도 바람직하다. 향이 탈 때 빛의 미세한 존재를 끌어당긴다. 이러한 빛의 존재들은 쉽게 지시에 따른다.

"빛의 존재여, 이곳의 모든 탁한 에너지와 부정적인 상념과 감정,

향을 이용해 집이나 사무실 공간 에너지를 정화한다.

부정적인 엘리멘탈을 정화해 주어 고맙다. 굉장한 일을 해주어 고맙다"라고 말한다.

향을 이용한 정화 효과를 강화시키기 위해 만트라(mantra)* 옴(OM)을 사용할 수 있다. 옴 만트라 테이프나 CD를 향이 타는 동안 1~2시간 정도 틀어 둔다. 창문과 문을 열어 놓아 신선한 공기와 에너지가 안

* 진언(眞言 : 참된 말, 진실한 말, 진리의 말)은 '영적 또는 물리적 변형을 일으킬' 수 있다고 여겨지고 있으며, 그 진언의 발음, 음절, 낱말 또는 구절 등을 일컫는다. –역주

으로 들어오고, 오래되고 탁한 에너지는 밖으로 나가게 하는 것이 중요하다.

공간을 정화시켜야 하는 이유

어떤 장소를 여러 가지 방법을 결합해서 에너지 정화를 할 수 있다. 앞에서 언급한 에너지 진공청소기, 선인장으로 나쁜 에너지 분해하기, 만트라 옴과 향 이용하기 등. 이것들로 충분히 공간 에너지를 완전히 정화할 수 있다.

육체적 위생이 중요하듯이 에너지 차원의 위생 역시 육체적 · 정신적 건강을 위해 중요하다. 일의 효율과 정신적인 건강은 일하는 장소의 에너지 차원의 위생에 영향을 받기 때문이다. 앞으로는 일하는 사람들이 에너지 차원에서 사무실이 깨끗하고 스트레스 에너지가 없는 것을 요구하게 될 것이다.

좋지 않은 꿈

아이들이 나쁜 꿈을 꾸었을 때 무엇을 할 수 있을까? 물, 소금, 계란이나 선인장을 에너지 진공청소기로 사용하라. 에너지 진공청소기를 향해 아이의 잠에 영향을 미치는 모든 해로운 에너지를 흡수하라고 명령한다. 그 다음 그것을 침대 옆에 둔다. 만트라 옴 테이프나 CD를 잠자는 아이 옆에서 틀어주어도 된다.

초대하지 않은 보이지 않는 손님 막기

초대하지 않았는데 보이지 않는 손님*이 당신의 집이나 사무실에 들어오려는 것을 어떻게 막을 수 있을까? 간단하게 선인장을 이용할 수 있다. 선인장을 향해 반갑지 않거나 귀찮은 손님을 막거나 쫓아내라고 지시한다.

또 다른 방법은 산달우드 향을 피우고 동시에 만트라 옴 테이프나 CD를 트는 것이다. 이러한 보이지 않는 존재가 느껴지는 곳에 보랏빛 전구를 사용한다. 보랏빛이 지닌 에너지가 너무 높아(순수하고 고귀하여) 그러한 존재들을 불편하게 만들기 때문이다.

다른 방법은 미카엘 대천사나 시바(Siva) 신 아니면 다른 강력한 신이나 성인에게 땅에 붙어 있는 존재를 빛의 영역으로 가져가도록 기원한다.

부적

부적은 보호나 다른 목적을 위해 성화된 물건이다. 올바르게 성화되거나 힘을 받은 부적은 매우 강력하다. 또한 영적 스승으로부터 축복을 받아 만들 수도 있다. 부적을 만드는 방법에는 여러 가지가 있다. 반복적인 의식을 사용하는 경우도 있다.

부적을 성화하기 위해 정수리와 손 차크라 테크닉을 사용하여 먼

* 귀신, 혼령같이 육체는 없으나 의식이 있는 에너지 차원의 존재를 일컫는다. –역주

저 에너지를 정화한다(73쪽 참조). 그 다음 프라닉 호흡(7-1-7-1)을 열두 번 하면서 동시에 프로그램한다. 1주일에 한 번씩 재충전한다. 부적을 에너지 자기 방어나 다른 목적을 위해 프로그램힐 수 있다.

신성한 물건

신성하거나 종교적인 물건도 당신을 보호할 수 있다. 축복을 내린 십자가는 특히 강력하다. 성인의 유물이나 유품도 강력하다. 왜냐하면 성인의 진동을 포함하고 있기 때문이다. 성인이 읽었거나 여러 번 읽었던 신성한 책은 강력한 영적 에너지와 의지를 가지고 있어 보호 작용을 한다.

성인이나 영적 구루(스승)의 사진을 금이나 은으로 만든 작은 갑에 담아 목걸이로 착용한다. 성인이나 영적 구루에게 사진과 사진이 담긴 갑을 신성의 안내와 도움과 보호로 축복해 달라고 기원하는 것이 필요하다.

명상

명상을 할 때는 자신의 에너지와 그 진동 속도가 높아진다. 그러므로 다른 사람이 부정적인 에너지를 방사해도 당신에게는 스며들지 못한다. 왜나하면 당신은 어떠한 부정적인 에너지에도 반응하지 않기 때문이다.

기도

기도 테크닉은 신의 이름, 강력한 신적 존재, 신성한 사람, 성인이나 영적 구루를 보호받기 위해 부름으로써 에너지 자기 방어로 사용할 수 있다. 기독교인들은 예수의 이름, 성모 마리아나 미카엘 대천사를 신성의 도움과 보호를 위해 사용할 수 있다.

또한 카발라와 관련된 신의 성스러운 이름을 사용할 수 있다. 11개의 세피로트(sephiroth)*에는 해당하는 11개의 신의 이름이 있다. 구약성경은 매우 강력한 카발라의 신의 이름을 가지고 있다. 수피교도들은 보호를 위해서 그리고 다른 목적을 위해 알라의 99개의 이름으로 기원한다.

성스러운 사람, 성인이나 영적 구루 또한 매우 강력하다. 현대 이탈리아의 성인인 파드레 피오(Padre Pio)는 환상적인 기적을 수행한다고 알려져 있다. 현대 인도의 성인이며 영적 구루인 스리 라히리 마하사야(Sri Lahiri Mahasaya)도 기적을 행한다고 알려져 있다. 또 다른 인도의 성인인 쉬르디 사이 바바(Shirdi Sai Baba)도 기적을 행한다고 알려져 있다.

불교도들 또한 석가모니, 미륵불, 관음보살과 다른 여러 불교 성인들의 성스러운 이름을 사용할 수 있다. 도교를 믿는 사람은 도교 성인들의 이름을 사용할 수 있다. 영적으로 매우 발달한 구루가 있으면 그 구루의 이름을 사용할 수 있다.

---

* 유대 신비주의인 카발라(kabbalah)에 나오는 말로 생명의 나무(Tree of Life)라 하며 세상에 현현(顯現)한 신을 지칭한다. 세피로트는 근원에서 뻗어 나온 나무와 같은 모습을 형성하고 각 가지는 신이 드러난 힘을 반영한다. -역주

특히 여성 신에게 헌신하고 있으면 신성의 어머니에게 보호를 기원하는 것도 매우 강력하다. 고대에는 종교가 가부장적이 되기 전까지 여성 신의 숭배가 매우 널리 퍼져 있었다.

신성하고 성스러운 이름을 사용하는 것은 매우 강력한 힘을 발휘한다. 종교적인 접근을 피하고 싶다면 단지 '신'이나 '지고의 신'이라는 단어를 사용할 수 있다.

매직 써클

매직 써클(magic circle)은 여러 사람이 집단으로 매우 강력한 에너지 공격을 조직하거나 공격자가 매우 강력한 부정적인 상념체를 보낼 때 등 매우 극단적인 공격을 받는 상황에서만 사용한다. 그러므로 이것을 사용하는 경우는 매우 드물다.

바닥에 4개 정도의 연속적인 원을 그린다. 네 번째와 세 번째 원 사이에 천사나 대천사의 이름을 적는다. 세 번째와 두 번째 원 사이에는 성인, 신성한 마스터, 신성한 구루의 이름을 적는다. 마지막으로 두 번째와 첫 번째 원 사이에 신성한 신의 이름을 적는다.

에너지 공격이 있을 때 원 중앙에 선다. 많은 성스러운 이름이 있기 때문에 어떤 에너지 공격이나 부정적인 존재도 매직 써클을 뚫고 침입할 수 없다.

매직 써클

복수는 필요없다

마음 공격을 받은 뒤 과연 복수가 필요한 것인가? 대답은 '필요없다'이다. 그 이유는 두 가지다.

첫째, 부메랑 효과 때문이다. 상념체가 생성되면 에테릭 연결고리에 의해 상념체를 생성한 사람과 생성된 상념체가 연결된다. 이 때문에 누군가 당신에게 보낸 부정적인 상념체와 엘리멘탈을 거부했을 때, 그것은 보낸 사람에게 되돌아간다.

둘째, 같은 것끼리 서로 끌어당기는 원리 때문이다. 내면의 세계에도 나쁜 것과 좋은 것이 많이 있다. 해로운 에너지가 보낸 사람에게로 되돌아갈 때 이것은 비슷한 에너지를 끌어당긴다. 되돌아갔을 때는 부정적인 에너지가 몇 배 더 증가된다. 이것은 마치 이쑤시개를 던지면 창이 되돌아오고, 조약돌을 던지면 바위가 되돌아오는 것과 같다.

5장

에너지 역공격을 방어하는 방법

오라 보호막을 무너뜨리기 쉬운 방법은 그것의 프로그램을 해제시키는 것이다. 의지력이나 '마음의 의도'를 사용하여 프로그램을 지우거나 해제시킨다. 프로그램은 기본적으로 에너지와 의도하는 마음으로 이루어져 있다. 보호막은 마음에 의해 생성되므로 단지 프로그램을 해제하는 의도만으로 제거될 수 있다. 그렇다면 누군가 나의 오라 보호막을 해제하려 할 때 이러한 공격에 대한 방어는 어떻게 하는가?

이 장의 목적은 역공격의 방법을 제공하려는 것이 아니라 테크닉들의 약점을 보여주고, 에너지 방어를 어떻게 강화시키는가에 대한 처방법을 제공하고자 하는 것이다.

오라 보호막 해제시키기

단순히 의지력을 사용하여 오라 보호막을 해제시키는 것은 많은 노력과 확신이 필요하다. 비록 전문적인 마음 에너지 활용가(psychic practitioner)*가 오라 보호막을 파괴할 수 있기는 하지만 보호막이 난공불락이고, 파괴할 수 없고, 정복할 수 없다는 강한 믿음을 형성하면 파괴

* 일반적으로 심령술사라고 부르기도 하는데 에너지 힐링, 채널링, 에너지 리딩(현생, 전생), 흑마술, 리모트 뷰잉(remote viewing) 등의 일을 한다. 펜듈럼, 타로, 수정구 등을 도구로 사용하기도 한다. –역주

하려는 힘을 쉽게 무력화시킬 수 있다. 강한 믿음을 가지고 해야 하며, 의심이 있어서는 안 된다. 의심은 오라 보호막의 강도를 상당히 약화시킨다.

오라 보호막을 무너뜨리기 쉬운 방법은 그것의 프로그램을 해제시키는 것이다. 의지력이나 '마음의 의도(mind intent)'를 사용하여 프로그램을 지우거나 해제시킨다. 프로그램은 기본적으로 에너지와 의도하는 마음으로 이루어져 있다. 보호막은 마음에 의해 생성되므로 단지 프로그램을 해제하는 의도만으로 제거될 수 있다.

그렇다면 누군가 나의 오라 보호막을 해제하려 할 때 이러한 공격에 대한 방어는 어떻게 하는가? '안전 프로그램(security program)'을 만들어 하면 된다. 보호막을 만들 때 당신만이 "프로그램하고, 재프로그램하고, 프로그램을 해제한다"라고 의도한다.

'보호막이 난공불락이고, 파괴할 수 없고, 정복할 수 없다'고 프로그램을 했다 하더라도 당신만이 할 수 있다고 지시하지 않았다. 그렇기 때문에 보호막을 만들 때 마음으로 "나만이 프로그램하고, 재프로그램하고, 프로그램을 해제할 수 있다. 그렇게 된다"라고 말한다. 이것을 마음으로 세 번 반복한다.

보호막 해제와 역공격에 대한 방어 테크닉

1 친구나 동료에게 오라 보호막을 만들라고 한다. 몇 분 동안 강력한 보호막을 만들게 한다.

2 손가락으로 보호막을 탐지한다. 탐지는 손을 사용하여 에너

지를 느끼는 테크닉이다(81쪽 오라 탐지하기 참조).

3 단지 의지의 힘으로 보호막을 허물어 본다.

4 오라 보호막을 다시 탐지한다. 올바르게 만들었으면 그대로 남아 있게 된다.

5 이번에는 미간 차크라에 집중한다. 미간 차크라는 눈썹 사이에 있다. 오라 보호막을 향해 마음으로 "지워라(erase)"나 "프로그램을 해제하라(deprogram)"고 말한다. 이것을 10~20초간 한다.

6 오라 보호막을 다시 탐지한다. 보호막이 해제되거나 분해된 것을 느끼게 될 것이다.

7 실험을 반복한다. 오라 보호막을 만든 사람이 마음으로 확언한다.
"나만이 보호막을 프로그램하고, 재프로그램하고, 프로그램을 해제할 수 있다. 그렇게 된다."[13]
세 번 반복한다.

8 보호막의 프로그램을 없애 본다. 보호막 제거가 어렵고 불가능하다는 것을 알게 될 것이다.

에너지 연결끈과 그것을 끊어 버리는 방법

앞서 살펴본 표적을 전환시키는 방어를 할 경우 이에 대한 역공격을 어떻게 할 수 있을까? 목표와 전환 표적 사이에 있는 에너지 연결끈을 잘라 버리기만 하면 된다. 연결고리가 잘리면 에너지 공격이 목표에 침투하게 된다.

그렇다면 이 역공격에 대한 방어는 어떻게 하면 될까? 에너지 연결끈은 파괴되지 않고, 무적이고, "끊어지지 않는다"라고 프로그램한다. 연결끈이 끊어지지 않는다고 프로그램하는 것이 중요하다.

전환 테크닉에 대한 또 다른 역공격 방법은 전환 표적이나 크리스털의 전환 프로그램을 해제하는 것이다. 프로그램이 지워지면 전환시키는 표적은 해로운 에너지를 흡수하고 끌어당기는 것을 멈춘다. 그러므로 해로운 에너지가 대상에게로 간다. 그리고 이것에 대한 역방어는 전환 표적이나 크리스털에 안전 프로그램을 설정하는 것이다.

당신만이 전환 표적이나 크리스털을 "프로그램하고, 재프로그램하고, 프로그램을 해제한다"라고 의도한다. 이것은 확언을 함으로써 이루어진다.

"나만이 너를 프로그램하고, 재프로그램하고, 프로그램을 해제한다. 그렇게 된다." 이것은 에너지 연결과 전환시키는 대상의 프로그램이 해제되는 것을 방지한다.

자극하기 vs. 용서와 사랑과 친절로 대응하기

마음 공격의 대상 또는 목표가 강한 오라 보호막을 가지고 있고 보호막 프로그램이 지워지지 않으면 어떻게 하는 것이 좋을까? 불쾌한 행동이나 말을 하는 것이다. 이로 인해 상대방은 자극을 받게 되고 당황하거나 화를 낸다.

사람이 불쾌한 것이나 무례한 말에 감정적으로 반응하면 오라 보호막이 약해지기 쉽고 금이 가거나 구멍이 날 수 있다. 사람을 자극하는 것은 보호막을 약하게 하는 방법이다. 같은 성질끼리 끌어당기므로 화를 내거나 신경질적이 되면 마음 공격에 약해진다.

그렇다면 여기에 대한 방어는 어떻게 하는 것이 좋을까? 사랑과 친절 그리고 용서를 실천하면 된다. 화를 내는 대신에 평온을 유지하면서 사랑과 용서로 그 사람을 축복한다. 사랑과 용서를 방사할 때 오라는 성질상 해로운 에너지를 끌어당길 수 없다. 그러므로 에너지 공격은 공격자에게 되돌아간다.

이 때문에 예수가 신약성경 〈누가복음 6:28〉에서 "너희를 저주하는 자를 위하여 축복하며 너희를 모욕하는 자를 위하여 기도하라"고 했다.

궁극의 방어

당신이 강하고, 평온하고, 튼튼하다고 하자. 당신은 강력한 보호막을 가지고 있다. 그러나 인생에 있어 약해질 때가 있다. 어떤 흑마술사는 극단적으로 인내심이 강하다. 그들은 목표나 희생자가 힘이 없고 에너지 공격에 취약해질 때까지 기다리고 기다린다. 적당한 때를 끈기 있게 기다리는 것은 또 다른 공격법이다.

여기에 대한 방어는 무엇인가? 사랑과 친절과 남을 해치지 않는 실천을 통한 카르마의 법칙이다. '아히므사(Ahimsa)' 혹은 남을 해치지 않는 실천이 궁극의 방어다! 〈시편 91:7〉에서 "천인이 네 곁에서, 만인이 네 오른편에서 넘어지더라도 이 재앙이 네게 가까이 오지 못하리다"라고 했다.

상해의 카르마를 만들지 않았으면 어떠한 해도 당신에게 올 수 없다. 공격을 받거나 죽지 않는다. 왜냐하면 자신이 심지 않은 것은 거둘 수 없기 때문이다. 이 때문에 항공기 추락사고가 났을 때 많은 승객이 죽지만, 단지 한두 사람만이 기적적으로 살아나는 경우가 있다.

다른 사람을 육체적으로 해하지 않았으면 육체적으로 해를 받지 않는다. 마찬가지로 다른 사람을 정신적으로나 감정적으로 해하지 않았으면 당신이 정신적으로 공격받을 수 없다.

우리들 삶에 있어 많은 경우 말로써 혹은 정신적으로 다른 사람을 불공정하게 비판하고 있다. 이러한 것 역시 마음 공격의 한 형태다. 당신이 카르마로부터 보호받기 위해서는 사랑과 친절 그리고 남을 해치지 않는 덕목을 마스터해야 한다. 그것을 마스터할 수 있는가가 가장 큰 관건이 될 것이다.

힘의 균형

그렇다고 해서 남을 해치지 않는 덕목을 광신적으로 실행하면 안 된다.

삶에 있어 상반되는 것들은 균형을 이루어야 한다. 그렇지 않으면 혼돈이 있게 된다. 예를 들어 친절과 타인을 해치지 않는 것은 질서와 엄격함에 균형을 맞춰야 한다.

세균에 감염되면 항생제를 먹어 세균을 죽이고 감염을 막는 수밖에 없다. 범죄자가 시내를 배회하도록 놔두면 다른 시민들의 생명이 위협받을 수 있다. 그 때문에 정부는 범죄자를 감옥 안에 고립시키는 것이다. 이것은 평화와 질서의 문제다.

비록 남을 해치지 않는 것이 궁극적인 방어가 되겠지만 힘을 사용하지 못하는 것을 뜻하지는 않는다. 만약에 힘을 사용한다면 가장 상위의 목적을 위해 사용해야 한다. 자기 자신, 다른 사람, 사회를 보호하기 위해서나 어떠한 교훈을 전하기 위해서 말이다.

어떤 젊은 사람이 스승에게 "부모가 아이들을 육체적으로 징계하면 이것은 폭력이지 않습니까?"라고 질문했다. 스승이 대답하기를 "만약 부모가 아이를 징계하지 않으면 아이들이 자라나서 가족과 사회에 좋지 않은 사람이 된다. 그들은 제멋대로이고 무책임하게 된다. 아이를 징계하는 것과 하지 않는 것 중 어느 것이 더욱 해로운가?"

힘을 사용함에 있어 올바른 시기와 올바른 힘의 종류와 적절한 힘의 양을 고려해야 한다. 가장 진실된 비전적 의미에서 남을 해치지 않는 덕목을 마스터하는 것은 힘을 마스터하는 것이다. 그 중에서도 극단의 인내심과 힘을 과도하게 사용하지 않는 것을 마스터하는 것을 말한다.

6장

부정적인 에너지 바로잡기

마음 공격을 부주의한 선생님이 하는 경우도 있다.
선생님이 어린 학생을 심하게 나무랄 경우, 그 결과 학생은 제대로 자기 역할을 하지 못하고 자신의 재능을 극대화시키지 못하게 된다. 학생이 나아지기 위해서는 이 상태를 바로잡아야 하는데, 반드시 에너지 심리치유 방법을 적용해야 한다.

어떤 사람을 몇 분 동안 상대한 뒤 에너지가 고갈되거나 피곤해진 적이 있을 것이다. 그 사람이 당신의 생명 에너지를 빨아들였기 때문이다. 그런 사람을 에너지 뱀파이어라고 부른다.

다른 사람이 마음 공격을 받았을 때 그를 어떻게 도울 수 있을까? 이를 바로잡는 몇 가지 방법이 있다.

첫째, 에너지 연결끈 자르기
둘째, 제거 또는 정화 테크닉*
셋째, 에너지 심리 치유**
넷째, 물 · 소금 · 커피 목욕
다섯째, 기도 또는 기원
여섯째, 트윈 하트 명상

---

* 자신이나 타인이 만들어냈거나 주변 환경에 의해 발생한 부정적 에너지를 없애고 정화하는 행위. -역주

** 마음 에너지 차원의 정신요법으로 마음에 영향을 미치는 에너지와 차크라를 통해 치유한다. 국내에는 《프라닉 정신요법》라는 책이 출간되어 있다. -역주

이제 이 방법들을 하나씩 살펴보자.

에너지 연결끈 자르기

인형이나 사진을 사용하여 사람에게 마음 공격을 할 때가 있다. 여기에 대한 방어는 목표와 인형 또는 사진 사이에 있는 에너지 연결끈을 잘라 버리는 것이다. 그 결과 희생자의 에테릭 바디와 육체에 침투하기가 어려워진다. 방법은 다음과 같다.

1. 희생자와 물건 사이에 있는 끈을 시각화한다.
2. 그 다음 가위나 칼로 에너지 연결끈을 자른다고 상상한다.

만일 흑마술사가 인형이나 사진을 이용한 공격을 할 때는 2차 목표를 가지고 하는 경우도 있다. 2차 목표란 마음 공격이 성공하지 못했거나 1차 목표에 침투하지 못했을 때, 흑마술사에게 생기는 부메랑 효과를 막는 것이다. 그런 경우라면 어떻게 해야 할까?

2차 목표와 흑마술사 사이에 있는 에너지 연결끈을 잘라 버린다. 이것으로 마음 공격을 물리칠 수 있다. 그 공격은 자동적으로 흑마술사에게 되돌아간다. 해로운 에너지가 처음 보내질 때보다 몇 배 더 강해져서 되돌아간다.

제거 또는 정화 테크닉

제거(extraction) 테크닉 또는 정화(cleansing) 테크닉은 계란이나 크리스털을 추출제로 사용하는 것이다. 신선한 계란이나 크리스털을 향해 피해자의 모든 해로운 에너지, 부정적인 상념체, 부정적인 엘리멘탈을 흡수하라고 지시한다.

'에너지 정체(energy congestion)'가 있는 부위는 보통 마음 공격이 붙어 있는 곳이다. 특정한 장기와 태양신경총 차크라, 미간 차크라, 목 차크라, 기본 차크라, 배꼽 차크라에 감염되는데 정수리 차크라가 감

제거 테크닉 : 환부 가까이에서 계란을 시계 반대 방향으로 돌린다.

염되는 때도 있다.

먼저 계란이나 크리스털을 감염된 부위, 장기, 차크라에 두고 시계 반대 방향으로 돌려 계란이나 크리스털이 해로운 에너지, 부정적인 상념체와 부정적인 엘리멘탈을 흡수하게 한다. 감염된 부위와 차크라에 모두 해야 하므로 여러 개의 계란과 크리스털을 사용해야 한다.

추출한 뒤에는 계란을 불에 태우거나 묻어야 한다. 크리스털은 반드시 소금물에 몇 시간 동안 담가두어야 한다. 크리스털을 향해 탁하고 해로운 에너지를 소금물에 모두 배출하라고 지시한다.

물은 탁하고 해로운 에너지를 흡수하는 능력이 있고, 소금은 그것들을 분해하는 능력이 있다. 사용한 소금물은 화장실에 버린다.

에너지 심리 치유 방법

에너지 심리 치유를 마음 공격을 다루기 위해 사용할 수 있다. 힐러는 일렉트릭 바이올렛빛을 사용하여 에너지 연결끈, 해로운 에너지, 부정적인 상념, 장기와 차크라에 붙어 있는 부정적인 엘리멘탈을 분해한다. 이때 철저하게 해야 한다. 마음 공격을 치유하기 위해 에너지 심리 치유 방법을 사용하려면 숙달되어야 하고 많은 경험이 요구된다.

마음 공격을 부주의한 선생님이 하는 경우도 있다. 선생님이 어린 학생을 심하게 나무랄 경우, 그 결과 학생은 제대로 자기 역할을 하지 못하고 자신의 재능을 극대화시키지 못하게 된다. 학생이 나아지기 위해서는 이 상태를 바로잡아야 하는데, 반드시 에너지 심리치유 방법을 적용해야 한다.

이때는 부정적인 상념체를 분해하는 것만으로는 충분하지 않다. 희생자에게 오랫동안 지속된 생각 패턴이 있으므로 이미 자신에 대해 부정적으로 생각하는 습관이 있다. 오랜 기간 동안 자기 존중이 부족해서 스스로가 부정적인 상념을 재생성할 수가 있다. 그러므로 상념이 제거된 뒤에도 희생자는 자신의 태도를 바꾸도록 노력해야 한다. 긍정적인 확언과 긍정적인 자기 이미지화를 정기적으로 해야 한다.

물 · 소금 · 커피 목욕

특별한 형태의 목욕은 마음 공격을 제거할 수 있다. 하는 방법은 다음과 같다.

첫째, 따뜻한 물을 준비한다.

둘째, 소금을 적당량 넣고 커피를 적당량 넣는다.

셋째, 15~20분 동안 몸을 담근다. 목욕하는 동안 신성의 도움과 보호를 기원할 수 있다.

목욕이 끝나면 샤워로 몸을 씻는다.

물 · 소금 · 커피 목욕은 깊은 곳까지 정화시키는 효과가 있다. 목욕한 뒤에 보통 가벼워진 느낌을 받는다. 이러한 목욕은 자기 치유를

에너지 정화 목욕 : 물 · 소금 · 커피 목욕으로 오라와 에너지 바디를 정화할 수 있다.

위해 사용할 수도 있다. 커피는 탁한 에너지와 해로운 에너지를 방출시키고, 소금은 그것들을 분해하는 능력이 있다. 불행히도 이때 몸에서 건강한 생명 에너지가 약간 배출된다.

이로 인해 목욕을 마치면 사람들이 잠시나마 피곤함을 느낀다. 이러한 영향을 중화시키기 위해 생명 에너지를 많이 포함한 주스(과일주스, 인삼차, 대추차, 유자차 등), 보릿가루 분말이나 알약, 갯보리와 여러 녹색채소, 인삼, 꿀 화분(벌이 모은 꽃가루), 날계란 등을 목욕하기 전에 먹는다.

정상 상태가 될 때까지 하루에 한두 번씩 며칠 또는 몇 주간 목욕할 필요가 있다.

기도 또는 기원

기도나 기원으로 부정적인 에너지를 바로잡을 수 있다. 고도로 진화한 영적 구루, 성직자나 수녀, 요기에게 당신을 위해 기도를 부탁할 수 있다. 신성의 도움과 보호를 기원하거나 기도할 때 발을 소금물에 담근다.

물과 소금은 몸에서 배출되는 해로운 에너지를 흡수할 것이다. 또한 기원하는 동안 산달우드향이나 장미향을 피우는 것이 바람직하다. 향은 빛의 존재와 상위의 존재를 끌어당긴다. 이러한 것이 작업을 더 수월하게 한다.

스스로 기도문을 만들어 하거나, 다음의 기도문을 사용하여 기도할 수 있다.

"지고의 신께, 나의 영적 스승께, 모든 영적 스승께, 신성한 마스터에게, 신성한 천사에게, 모든 성인에게, 모든 영적 조력자에게, 모든 위대한 존재에게, 나의 영혼에게. 겸허히 신성의 사랑과 신성의 자비와 신성의 치유와 신성의 도움과 신성의 보호를 기원합니다. 에너지를 정화하고 치유해 주심에 감사드립니다. 신성의 치유와 보호에 감사드립니다. 완전한 믿음으로 감사드립니다. 그렇게 된다."[14]

〈시편 23편〉을 사용할 수도 있다.

"하나님은 나의 목자시니 내가 부족함이 없으리로다. 그가 나를 푸른 초장에 누이고 쉴 만한 물가로 인도하시는도다. 내 영혼을 소생시키시고 자기 이름을 위하여 의의 길로 인도하시는도다. 내가 죽음의 음침한 골짜기로 다닐지라도 해를 두려워하지 않는 것은 그가 나와 함께 하심이라. 그의 지팡이와 막대기가 나를 안위하는도다. 주께서 내 원수의 눈앞에서 나에게 탁자를 준비하시고 나의 머리를 기름으로 바르니 내 잔이 넘치나이다. 나의 평생에 매일 선함과 사랑이 나를 따르니 나는 주의 집에 영원히 거하리로다."[15]

기도하는 마음에는 의심이 없어야 한다. 실제로 의심은 기도의 효과를 떨어뜨린다.

트윈 하트 명상

마음 공격의 효과를 제거하는 또 다른 방법은 정기적으로 명상을 하는 것이다. 명상을 할 때 엄청난 영적 에너지가 근원으로부터 흘러 들어온다. 이것을 마음 공격을 막아내고 보호하기 위한 자기 치유에 사용할 수 있다.

필자는 트윈 하트(Twin Heart) 명상을 권한다(부록 1 '트윈 하트 명상법과 자기 치유' 참조). 이 명상을 할 때 신성의 에너지 혹은 일렉트릭 바이올렛빛이 영적 끈을 통해 자신의 몸으로 내려온다. 이것은 온몸과 몸의 장기, 에너지 센터인 차크라를 정화시킨다.

이 명상을 하루에 한 번씩, 며칠 혹은 몇 주간 하는 것이 좋다. 정기적으로 하는 것이 바람직하다.

신성의 축복을 기원하는 기도로써 이 책을 마치고자 한다.

신성의 축복을 위한 매일의 기도

"사랑하는 신성의 아버지, 어머니

신성의 빛이 저의 마음을 지혜와 분별로써 채우게 하소서.

신성의 사랑이 저의 심장을 모두를 위한 따뜻함과 부드러움과 애정으로 채우게 하여 주소서.

신성의 힘이 나를 내면의 강함과 올바른 것을 행하는 힘으로,

좋지 않은 행위와 행동을 삼가는 힘으로 채우게 하소서.

사랑하는 신성의 아버지, 어머니

당신의 사랑하는 자식인 저를

사랑과 자비와 친절과 풍요로 지켜보소서.

당시의 모든 것이 자비로

당신의 사랑스러운 팔로 나를 껴안고 보호해 주소서.

당신의 사랑스러운 자식인 제가 사랑의 감사를 드립니다."

이 책이 재미있고, 실제적이며, 도움이 되기를 바란다.

신의 축복이 함께하기를!

당신의 마음이 원하는 대로 될지어다!

부록

1. 트윈 하트 명상법과 자기 치유
2. 자기 내면의 부정적인 에너지 정화하기

부록 1

트윈 하트 명상법과 자기 치유

필자가 만든 트윈 하트 명상을 통해 많은 사람들이 힐링을 경험하고 삶에 긍정적인 변화가 있다고들 이야기한다. 트윈 하트 명상은 매우 특별하다. 육체적 · 정신적 · 영적인 차원에서 작용하여 심장 차크라와 정수리 차크라가 열리게 한다. 이로 인해 정수리 차크라를 통해 많은 신성의 에너지를 끌어들인다. 이 명상을 통해 생성된 생명 에너지는 육체적 · 정신적 건강을 증진시키고 내면의 깨달음에 이르게 한다.

근심, 분노, 두려움 같은 부정적인 감정은 에너지 장인 오라에서 어두운 얼룩과 소용돌이로 나타나며 에너지 흐름을 막고 있다. 이러한 에너지 정체는 육체적 질환이 된다.

에너지를 볼 수 있는 사람이 트윈 하트 명상을 하는 사람을 보면 정수리 차크라를 통해 흰빛이 내려와 에너지 바디 전체로 퍼지는 것을 보게 된다. 신성의 생명 에너지가 에너지 바디의 오염을 몰아내고 그리하여 명상하는 사람에게 힐링이 일어나게 된다.

정수리 차크라의 열림은 신성의 에너지 흐름을 증가시켜 내면의 깨달음이 가능하게 한다. 지구를 영적 에너지로 축복한 뒤 10분 동안 옴과 옴 사이의 고요를 명상한다. 옴 사이의 고요를 명상하면 자신의 참 자아(Higher Self or Soul)와 접촉할 수 있게 된다. 고요와 참 자아와의 접촉은 내면의 깨달음을 만들어낸다.

명상을 하면 많은 양의 높은 에너지를 다루게 되므로 몇 가지 유의할 점이 있다.

- 고혈압, 심장질환, 녹내장이 있는 사람은 이 명상을 하지 말아야 한다. 에너지로 인해 상태를 더 악화시킬 수 있다.
- 18세 미만은 깨달음 테크닉(166쪽 참조)을 하지 않는다. 몸이 성숙되지 않아 명상이 만들어 내는 에너지를 감당할 수 없기 때문이다.
- 명상을 하기 전 주변의 에너지가 깨끗한지 주의를 기울여라. 명상의 효과를 없앨 수 있으며, 에너지 오염을 일으킬 수도 있다.
- 명상 전과 후에 5분 정도씩 운동을 하여 에너지 정체를 막는다.
- 축복을 할 때는 실제 느끼면서 해야 한다. 기계적으로 해서는 안 된다. 지구를 축복할 때 생기는 사랑의 느낌을 느끼고 집중한다. 필요하면 시각화를 해도 된다. 손에서 보랏빛 에너지가 나가 지

구를 감싼다고 상상한다. 사람들이 평화와 사랑과 기쁨으로 마주보며 미소짓는 것을 그려본다. 전쟁하던 국가들이 무기를 내려놓는다. 사람들이 조화롭게 서로 도와가며 살아가는 것을 그려본다.

트윈 하트 명상법

1. 편안한 옷을 입는다. 특히 허리 주변이 편안해야 한다. 신발은 벗는다. 어두운 것이 좋다면 조금 어둡게 해도 좋다. 핸드폰 등의 전원을 끌 필요가 있다. 최대한 외부의 방해물을 제거한다.
2. 가벼운 운동을 하여 몸을 정화한다. 자신이 좋아하는 방식을 선택하면 된다.
3. 허리를 바로 세우고 편안한 의자에 앉고 발은 바닥에 닿게 한다. 의자 뒷면에 등을 기대지는 않는다. 손은 무릎에 편안하게 놓는다. 몸을 이완한다.
4. 혀를 입천장에 붙인다.
5. 기원을 한다. 자신의 기원문을 사용하면 된다. 아래의 기원문을 참고해도 된다. 눈을 감고 머리를 숙이고 손을 무릎에서 들어올리고 손바닥이 위로 향하게 한다.
   "지고의 신께 겸손히 축복과 안내와 보호와 도움을 요청합니다. 진실된 믿음을 가지고 감사드립니다."

6 프라닉 호흡(7-1-7-1)을 몇 번 실시한다.

7 심장 차크라를 활성화시킨다. 심장 차크라를 손가락으로 잠시 동안 누르고 손을 무릎에 놓는다. 사랑과 감미로움의 느낌을 생각해본다. 사랑과 자비의 느낌이 내면에서 솟아오르는 것을 느껴본다. 인생의 행복했던 때를 떠올려도 되고 사랑하는 사람이 앞에 있다고 상상하면 된다. 심장 차크라에 미소를 보낸다. 2분 정도 지속한다.

8 정수리 차크라를 활성화시킨다. 손가락으로 정수리 차크라를 잠시 누른 뒤 손을 무릎 위에 다시 놓는다. 사랑과 감미로움을 느꼈던 또 다른 장면을 상상해본다. 사랑과 자비심이의 느낌이 내면에서 솟아오르는 것을 느껴본다. 심장 차크라에 미소를 보낸다. 2분 정도 지속한다.

9 지구 전체를 사랑과 친절로 축복한다. 사랑과 친절의 느낌을 의식하고 손바닥이 바깥으로 향하게 하여 손을 가슴 높이로 올린다. 작은 공 크기의 지구가 앞에 있다고 시각화한다(162쪽 그림 참조). 심장 차크라와 손 차크라를 의식하며 지구를 축복한다(기도나 원하는 말로 지구를 축복 할 수 있다). 지구를 축복하는 아시시(Assisi, 이탈리아 중부에 있는 마을)의 성 프란시스(St. Francis)의 기도를 사용할 수 있다.

사랑과 친절의 느낌을 의식하고 손바닥이 바깥으로 향하게 하며
손을 가슴 높이로 올린다. 작은 공 크기의 지구가 앞에 있다고 시각화한다.

"하나님
저를 평화의 도구가 되게 하소서."

(자신의 가슴에 있는 신의 평화가 손으로 흘러 지구로 향하는 것을 느껴본다.

지구를 잠시 동안 축복한다.)

"미움이 있는 곳에 사랑을"

(신의 사랑이 가슴에서 솟아오르고 손으로 흘러 지구로 향하는 것을 느껴본다. 지구를 잠시 동안 축복한다.)

"다툼이 있는 곳에 용서를"

(지구를 신의 용서로 축복한다. 다툼이 있는 지역을 축복한다. 다툼이 해소된 것을 그려본다.)

"절망이 있는 곳에 희망을, 의심이 있는 곳에 믿음을"

(지구를 희망과 믿음으로 축복한다. 어려움을 겪고 있는 사람들을 축복한다.)

"어둠이 있는 곳에 밝음을, 슬픔이 있는 곳에 기쁨을"

(지구를 빛과 기쁨으로 축복한다. 다툼이 있는 지역과 나라를 축복한다.)

10 정수리 차크라를 통해 사랑과 친절로 지구를 축복한다. 지구를 축복할 때 정수리 차크라를 계속해서 의식한다. 아름다운 축복의 황금빛이 정수리 차크라에서 손으로 그리고 지구로 흐르는 것을 바라본다(164쪽 그림 참조).

"전 지구가, 모든 사람과 존재가 사랑과 친절로, 다정함으

아름다운 축복의 황금빛이 정수리 차크라에서 손으로 그리고 지구로 흐르는 것을 바라본다.

로, 행복과 기쁨으로 축복받게 하소서."

(잠시 동안 축복을 지속한다. 모든 사람이 사랑과 기쁨으로 가득 채워진 것을 본다.)

아름다운 축복의 황금빛이 심장과 정수리로부터 흘러 손을 통해 지구로 가는 것을 바라본다.

11 이제 심장 차크라와 정수리 차크라, 두 차크라를 통해 지구를 사랑과 친절로 축복한다. 심장과 정수리 차크라를 동시에 의식하고 축복을 지속한다. 아름다운 축복의 황금빛이 심장과 정수리로부터 흘러 손을 통해 지구로 가는 것을 바

라본다(165쪽 그림 참조).

"신의 마음으로부터 모든 사람과 모든 지각 있는 존재가 사랑과 친절로 축복받게 하소서."

(지구의 축복을 지속하고 모든 사람이 사랑, 기쁨, 평화로 가득 채워지는 것을 바라본다.)

"모든 사람과, 모든 존재를 크나큰 기쁨과 행복과 신성의 내면의 평화로 축복하소서."

(사람들의 마음이 기쁨, 믿음, 희망으로 가득차는 것을 바라본다. 얼굴에 나타나는 표정을 바라본다.)

"모든 사람과 모든 존재가 이해와 조화와 선의와 선한 일을 하겠다는 의지로 축복받게 하소서."

(사람들이 실제적으로 서로에게 이로운 일을 하는 것을 바라본다.)

12 깨달음 테크닉(Illumination tedchnique)을 한다.
손을 무릎 위에 놓고 손바닥이 위로 향하게 한다. 찬란한 황금빛이 정수리 위에서 눈부시게 빛나고 있다고 시각화한다(167쪽 그림 참조). 그 빛을 새 눈송이에 반사되는 햇빛과 같은 빛을 명확히 바라본다. 이미지에 고정되면 옴 만트라를 조용히 시작한다. 천천히 의도를 가지고 "오오오옴옴옴"을 낭송

손을 무릎 위에 놓고 손바닥이 위로 향하게 한다.
찬란한 황금빛이 정수리 위에서 빛나고 있다고 시각화한다.

한다. 깊게 숨을 쉬고 천천히 낭송한다. 5~10분 동안 머리 위의 빛, 옴, 옴과 옴 사이에 의식을 둔다. 만트라와 빛의 시각화를 멈추고 몇 분 동안 놓아버린다. 마음을 비우고 내면의 평화와 고요를 확장시킨다. 5분 정도 지속한다. 시간이 지나면 원하는 만큼 연장시킬 수 있다. 생각이나 외부 소음이 침입하면 반응하지 않고 바라보며 고요로 의식을 되돌린다.

13 여분의 에너지를 배출한다. 이 명상이 만들어낸 잉여의 에너지는 분산시켜 정체가 되지 않도록 해야 한다. 에너지를 밖으로 내보내도 되지만 좋은 일을 위해 사용할 수 있다. 지구를 다시 축복한다. 손을 올려 지구를 빛과 사랑으로 축복한다. 황금빛 보라색의 빔이 손을 떠나 앞의 지구로 향한다고 시각화한다. 또한 가족, 사랑하는 사람, 친구, 집, 직장, 하고 있는 프로젝트를 축복해도 된다. 약 30초 동안 한다. 그 다음 손을 다시 무릎에 둔다.

14 그라운딩을 한다. 그라운딩은 에너지가 지구에 뿌리내리는 것이다. 이것은 명상 후 종종 생기는 멍해진 느낌을 없애는 데 도움이 된다.

앉은 상태에서 찬란한 흰빛의 생명 에너지가 기본 차크라와 발바닥 차크라(용천혈)에서 지구로 약 3m 정도 뻗어나간다고 시각화한다. 30초 동안 에너지가 지구로 흐른다는 의도를 갖는다. 이것을 하면서 "지구를 축복하고 지구에 뿌리내린다"라고 낭송한다.

15 감사를 기원하며 명상을 마친다. 다음과 같이 말해도 된다. "지고의 신께, 신의 축복과 안내와 보호와 도움과 깨달음에 겸허히 감사드립니다. 완전한 믿음으로 감사드립니다."

16 육체적 운동을 하여 몸을 정화한다.

자기 치유를 위한 명상

트윈 하트 명상을 한 뒤에 자기 치유를 할 수 있다. 트윈 하트 명상을 함으로써 정수리 차크라가 매우 활성화된다. 정수리 차크라는 신성의 에너지가 몸으로 들어오는 입구다. 이 신성의 에너지가 몸에 많이 들어왔을 때 찬란하고 투명한 흰빛으로 보인다. 이 신성의 에너지는 뛰어난 치유 능력을 지니고 있다. 치유 에너지를 몸의 여러 부위로 보내기만 해도 자기 치유가 되고 건강이 좋아진다.

시작하기 전 다음과 같이 기원할 수 있다.

"지고의 신께, 나의 영적 스승께, 모든 영적 스승께, 모든 성인에게, 성스러운 천사에게, 치유의 천사에게, 치유의 대사에게, 위대한 존재에게 축복과 치유에 감사드립니다."

1. 눈을 감고 혀를 입천장에 붙인다.
2. 찬란하고 투명한 흰빛이 정수리 위에 있다고 시각화한다. 찬란하고 투명한 빛이 정수리로, 머리로, 팔로 다리로 들어간다. 머리와 몸으로 흘러 손과 발로 빠져 나간다.
3. 찬란하고 투명한 흰빛이 머리로 흘러 머리의 전후좌우와 중심으로 흘러 들어간다. 머리 전체가 밝아지고 건강해진다.
4. 송과선(pineal gland)과 뇌하수체가 찬란한 흰빛으로 가득찬다. 빛과 활기로 가득찬다.
5. 신성의 치유 에너지가 눈, 코, 귀, 잇몸으로 흘러 들어간다. 빛과 활기로 가득찬다.

6 턱, 인후, 목이 찬란하고 투명한 흰빛으로 가득 채워진다. 이들 기관들이 기운차다.

7 척추가 빛나는 치유의 빛으로 가득 채워진다. 척추가 점점 밝아진다. 더욱 유연해진다. 척추가 찬란하고 투명한 빛으로 가득 채워지며, 특히 척추의 아래 부위와 기저부가 빛으로 채워진다. 척추가 밝게 빛나고 기운차다.

8 폐가 찬란하고 투명한 흰빛으로 가득 채워진다. 폐가 밝게 빛나고 기운차다. 폐가 빛과 활기로 가득 채워진다. 신성한 치유 에너지로 가득 채워진다.

9 심장과 흉선이 찬란하고 투명한 흰빛으로 가득 채워진다. 밝게 빛나고 기운차다.

10 가슴이 신성한 치유 에너지로 가득찬다. 밝게 빛나고 기운차다.

11 오른쪽 갈비뼈 밑에 위치한 간과 담낭이 찬란하고 투명한 흰빛으로 가득 채워진다. 밝게 빛나고 기운차다.

12 왼쪽 갈비뼈 밑에 위치한 비장은 찬란하고 투명한 빛으로 가득 채워진다. 밝게 빛나고 기운차고 튼튼하다.

13 위, 췌장, 소장, 대장이 찬란하고 투명한 치유의 빛으로 가득 채워진다. 밝게 빛나고 건강하다.

14 신장, 부신이 찬란하고 투명한 빛으로 가득 채워진다. 치유의 빛과 활기가 가득 채워진다. 밝게 빛나고 기운차다.

15 성 기관과 방광이 찬란하고 투명한 흰빛으로 가득 채워진

다. 밝게 빛나고 튼튼하고 기운차다.

16 어깨가 찬란하고 투명한 흰빛으로 가득 채워진다. 어깨가 이완되고 빛으로 가득 채워진다.

17 팔이 찬란하고 투명한 흰빛으로 가득 채워진다. 팔이 밝게 빛나고 기운차다. 겨드랑이, 팔꿈치, 손목, 손, 손가락이 찬란하고 투명한 흰빛으로 가득 채워진다. 밝게 빛나고 기운차다.

18 다리가 찬란하고 투명한 흰빛으로 가득 채워진다. 빛으로 가득 차고 활기가 넘친다. 엉덩이, 무릎, 발목, 발이 찬란하고 투명한 흰빛으로 가득 채워진다. 기운차고 튼튼하다.

19 몸의 모든 세포, 혈액의 모든 세포가 찬란하고 투명한 흰빛으로 가득 채워진다. 혈액이 기운차다. 혈액이 빛과 활기로 가득 채워진다.

20 내분비선이 기운차고 조화롭게 작용한다. 몸의 모든 기관이 기운차고 빛으로 가득 채워진다.

21 빛과 활기가 온몸을 가득 채운다. 기운차고 튼튼하다. 다음과 같이 확언한다.

"나는 행복하다. 나는 사랑과 빛으로 가득 채워졌다. 내 몸은 기운차다. 그렇게 된다."

자기 치유의 마지막에 다음의 기도를 사용할 수 있다.

"지고의 신께, 나의 영적 스승께, 모든 영적 스승께, 모든 성인에게,

치유 천사에게, 치유 대사에게, 모든 위대한 존재에게, 축복과 치유에 감사드립니다. 완전한 믿음으로. 그렇게 된다."

부록 2

자기 내면의 부정적인 에너지 정화하기

이 책의 주된 내용은 외부의 부정적인 에너지로부터 자신을 어떻게 보호하느냐다. 부정적 에너지는 외부에서 있을 수 있지만 내부에서 생겨난 것일 수도 있다. 내부적으로 자신이 만들어낸 부정적인 에너지는 어떻게 할 것인가?

내가 무엇인가 믿고 있는데 그것이 잘못된 믿음이라는 것을 인지하지만 잘 바뀌지 않을 때 어떻게 할까? 또는 이성적으로 무섭지 않은 상황인데 공포감에 휩싸일 때는 어떡하면 될까? 습관을 바꾸고 싶은데 잘 바뀌지 않을 때 어떻게 하는 것이 좋은가?

이런 믿음, 생각, 원치 않은 감정적 반응, 습관을 변화시키는 방법이 있어 공유하고자 한다. 이 내용은 재닛 리치몬드(Janet Richimond)의 저서 《The Higher Self voice on choices》와 《Soul Psychology》에서 참조한 내용이다(부록 2의 내용은 역자의 추가 설명이다). 이 책에서는 육체와 더불어 상념체(Thought form body), 감정 바디(Emotional body), 습관 바디(Habit body), 창조 바디(Creative Body)로 구분하였다. 잘못된 생각과 믿음은 상념체에, 잘못된 감정적 반응은 감정 바디에, 지속된 행위의 기록은 습관 바디에 그리고 창조 바디는 이 바디들의 정보를 토대로 현실을 계속 만들어 가는 역할을 한다고 보고 있다.

그래서 변화를 만들어내고자 한다면 이들 바디에 변화를 만들어내야 한다. 변화를 만들어내는 에너지는 우리 모두가 천부적으로 가지고 있으며 영혼의 정수(Pure Soul Essence 혹은 Divne Spark)와 근원 에너지 그 자체다.

내부의 부정적인 에너지를 정화하는 방법은 다음과 같다. 먼저 의식을 집중하여 아래 문장을 말하거나 상상한다. 각 문장에 잠시 동안 집중하며, 필요하면 말을 바꿀 수도 있다. 여기에 나와 있는 말은 시작을 위한 예시일 뿐이다.

"나는 영혼의 정수의 빛이다(나는 신성의 불꽃이다)."

(모든 영혼은 오리지널 소스[Originating Source]로부터의 불꽃이다[Dvine Light]. 그것을 빛의 불꽃이나 촛불로 보거나, 느끼거나, 상상해도 된다. 아니면 그냥 말로만 해도 된다. 이것을 하면 신성의 에너지가 흘러 들어오게 한다.)

"이 빛이 나의 모든 존재를 둘러싸고 뻗어나가 근원과 합체한다."

(빛이 점점 커져 자신이 되어가는 것을 보고, 느끼고 경험하면서 빛의 줄기가 위로 뻗어

나간다고 보아도 된다.)

"나는 참 자아의 총합(the totality of all of my Higher Self)과 하나가 된다."

"이제 나는 ______________ 를 배출한다."

(밑줄 친 부분에 자신의 문제들을 넣는다. 삶의 잘못된 패턴을 넣으면 되는데(178쪽 참조), 예를 들면 두려움, 의심, 걱정, 고통 등 과거 · 현재 · 미래의 원인을 불꽃 속으로 배출한다. 어두운 부정적인 에너지가 빠져나가 불꽃에 닿아 중화되고 빛으로 흡수되어 빛을 더 강화시킨다. 시간이 허용하는 만큼 배출을 지속하라.)

"이제 신의 사랑(the Divine Love), 신의 명쾌함(Divine Clarity), 신의 용서(Divine Forgiveness), 신의 이해(Divine Understanding), 신의 건강(Divine Health), 신의 물질 균형(Divine Material Balance), 신의 강함(Divine Strength)을 활성화시키고 그 에너지에 휩싸이고 이 에너지가 배출된 빈 공간을 가득 채운다. 참 자아에게 강화된 모든 에너지와 하나가 되도록 요청한다."

(이것은 긍정의 에너지를 강화시킨다. 문장에 열거된 신의 에너지는 필요에 따라 바꿀 수 있다. 여기에 나온 신의 에너지는 도움이 되는 몇 가지일 뿐이다. 이해를 돕기 위해 신의 에너지에 대한 예를 아래에 열거한다.)

이 과정 중에 하게 되는 신성의 불꽃 중심에 있으면서 오리지널 소스와 참 자아의 총합이 하나가 되면 최고의 순수하고 완전한 자기 보호를 하는 것이다(앞에서 다룬 매직 써클의 구체적인 버전이기도 하다).

이해를 돕기 위해 근원, 신성의 불꽃, 참 자아, 영혼 등을 다른 여러 전통에서는 어떻게 부르는지 아래 표를 참조하기 바란다.

	신성의 불꽃 (Divine Spark), 영혼의 진수 (Pure Soul Essence)	참 자아, 진아, 대아 (Higher Self)	영혼 (Incarnated Soul)	근원 (Originating Source)
유대교	Ain	Ain Soph	Ain Soph Aur	Yahweh
불교	Kung(空)	Higher Buddha Nature	Buddha Nature	Universal Buddha Adhi Buddha
힌두교	Sunya Paramatma	Atma	Jivatma	Parabrahman
기독교	The Father	The Son	Holy Spirit	God
신지학	Monad	Ego	Personaility	Supreme Being

신의 에너지

신의 에너지는 우리의 근원이 되는 에너지로 여러 이름으로 불린다. 우리가 요구하면 언제든지 무제한으로 사용할 수 있다. 의도를 가지고 집중하기만 하면 된다. 만약 풍요가 필요하면 "신의 풍요(Divine Abundunce)"를 낭송하며 그 에너지에 집중하기만 하면 된다. 그 에너지는 육체, 감정, 마음, 영적의 모든 차원에서 작용하게 되며 그 효과는 막대하다.

신의 풍요, 신의 부, 재정적 안전(Divine Abundance, Divine Wealth, Financial Security)

신의 균형(Divine Balance)

신의 명징함(Divine Clarity)

신의 의사소통(Divine Communication)

신의 창조성(Divine Creativity)

신의 깨우침(Divine Enlightenment)

신의 믿음, 희망(Divine Faith & Hope)

신의 집중력(Divine Focus)

신의 용서(Divine Forgiveness)

신의 성취(Divine Fulfillment)

신의 조화(Divine Harmony)

신의 치유와 건강(Divine Healing & Health)

신의 의도(Divine Intention)

신의 기쁨(Divine Joy)

신의 공평성(Divine Justice)

신의 사랑(Divine Love)

신의 물질 균형(Divine Material Balance)

신의 지성(Divine Mind)

신의 중립(Divine Neutrality)

신의 객관성(Divine Objectivity)

신의 질서(Divine Order)

신의 의도의 순수성(Divine Purity of Purpose)

신의 결단력(Divine Resolution)

신의 올바른 행동과 올바른 생각(Divine Right Action and Divine Right Thought)

신의 고요(Divine Serenity)

신의 성공(Divine Success)

신의 진실(Divine Truth)

신의 이해(Divine Understanding)

신의 의지(Divine Will)

신의 지혜(Divine Wisdom)

신의 말씀(Divine Word)

기적의 힘(Power of the Miraculous)

다음에 열거된 에너지는 인간 영역 레벨에서 획득할 수 있는 가장 상위의 진동수 에너지다.

상위 마음 의식(Higher Heart Consciousness)(올바른 자기 사랑[Proper Self-Love])

올바른 자기 연결(Proper Connection to Self)

올바른 분별력(Proper Discernment)

올바른 개인의 힘(Proper Personal Power)

올바른 자기 확신(Proper Self-Confidence)

올바른 자기 책임(Proper Self-Responsibility)

잘못된 삶의 패턴

앞에서 자기 내면의 부정적인 에너지를 정화할 때 삶의 잘못된 패턴에 대한 예시다. 다음의 패턴들은 매우 일반적인 것들이다. 우리가 어떤 것은 가지고 있지 않는 것처럼 보여도, 전생에서 가지고 와 현재에도 영향을 미치고 있을 수도 있다.

중독(Addictions)

노화, 죽음, 임종(Aging, death and dying)

분노, 짜증, 원한, 격노(Anger / Irritation / Grudges / Rage)

학대(Abuse)

심한 편견(Bigotry)

자기 탓 혹은 남 탓(Blame of self or others)

경계 문제(Boundary issues)

정서적 의존, 과도연관(Co-dependence / Enmeshment)

과하거나 부족한 통제(Control: too much, not enough)

자기 또는 남 트집 잡기(Criticism of self or others)

수동성(Defensiveness)

우울(Depression)

실망, 좌절(Disappointment / Discouragement)

자아와의 분리(Disconnection from Self)

부적합, 미미함(Don't fit it / Invisible)

권리 부여(Entitlement)

실패(Failure)

피로, 지침(Fatigue, Tiredness)

두려움, 걱정(Fears, Anxiety)

수양 부족(Lack of Self-discipline)

자부심 부족(Lack of Self-esteem)

자기책임 부족(Lack of Self-responsibility)

자존심 부족(Lack of Self-worth)

거짓말(Lying)

정신질환(Mental Illness)

오해(Misconception / Misunderstanding)

힘의 오용(Misuse of Power)

과도한 합리화, 과도한 정당화(Over-rationalize, Over-justify)

무력감(Powerlessness)

거부(거부에 대한 두려움)(Rejection [fear of])

인간관계 문제(Relationship issues)

~에 대한 저항(Resistance to~)

슬픔, 상처, 고통(Sadness / Hurts / Pain)

자기 남용(Self-abuse)

자기 비난(Self-blame)

자기 의심(Self-doubt)

재정적 불안정, 부족, 빚(Financial Instability, Lack, Debt)

죄의식(Guilt)

반밖에 없어 신드롬(비관주의)(Half-empty Syndrome)

증오(Hatred)

건강문제, 질병(Health Issues / Illness)

무력감(Helplessness)

희망을 잃음(Hopelessness)

게으름, 무기력(Inactivity / Inertia)

~에 대한 무능(Inability to~)

불공평 패턴(Inequity Patterns)

열등함(Inferiority)

불관용, 차별(Intolerance / Discrimination)

고립(Isolation)

자신이나 타인 심판하기(Judgment of self or others)

의식(지각, 판단) 부족(Lack of Consciousness)

집중력 부족(Lack of Focus)

자기 인식 부족(Lack of Self-awareness)

자기 연결 부족(Lack of Self-connection)

자기 증오(Self-hatred)

자기 심판(Self-judgment)

자기 파괴(Self-sabotage)

자기희생(Self-sacrifice)

수치심(Shame)

표적삼기(Targeting)

저성취(Underachievement)

비현실적 기대(Unrealistic expectations)

~하기 싫어함(Unwillingness to~)

희생, 희생시키기(Victim and/or Victimization)

고집(Wilfulness)

쓸모없음(Worthlessness)

확언 원문

1) To the Supreme Universal God, to my spiritual teachers, and to all higher beings, thank you for the loving energy and for healing the relationship. With thanks and in full faith.
2) You will protect me from all psychic attack and contamination. You will protect me from all harm and danger. You will shield me night and day. As I will, so be it.
3) To the Supreme God, To my spiritual teacher, to all spiritual teachers, Holy masters, holy gurus, Healing angels, healing ministers, Beings of light, to all the great ones. Thank you for blessing this crystal with divine guidance, help and protection. Thank you for protecting me from all forms of psychic attack, psychic contamination, and from all harm and danger. With thanks and in full faith. So be it.
4) I am shielded from all psychic attacks and contaminations. I am shielded from harm and danger. So be it. This shield will remain for a duration of 12 hours. So be it. This shield is impregnable and unbreakable. This shield is internally

permeable. So be it.

5) To the Universal Supreme God, to my spiritual teachers and to all the higher beings, thank you for shielding me from all psychic attacks and contamination, and from all harms and dangers. With thanks and in full faith. So be it!

6) I am shielded from all forms of emotional attacks and contamination. So be it. This shield is impregnable. So be it. It is invincible. It cannot be emotionally penetrated. So be it. This shield will last for a duration of 12 hours. So be it. This shield is internally permeable. As I will, So be it.

7) I am shielded from all forms of mental attacks, influence and domination. So be it. This shield is impregnable. So be it. It is invincible. It cannot be mentally penetrated. So be it. This shield will last for a duration of 12 hours. So be it. This shield is internally permeable. As I will, So be it.

8) I am shielded from all forms of attacks, all harm and danger. So be it. This shield is impregnable. So be it. It is invincible. It cannot be spiritually penetrated. So be it. This shield will last for a duration of 12 hours. So be it. This shield is internally permeable. As I will, So be it.

9) I am shielded from all psychic contami-nation. So be it. This shield will last for five hours. This shield is internally per-meable. So be it.

10) You will immediately absorb all psychic attacks directed to me intentionally or unintentionally. You will absorb all possible psychic contamination before they come in contact with me. So be it.

11) You will disintegrate all negative energies that are absorbed, and expel them into the water and salt solution. So be it.

12) I decree that all psychic attacks and contamination directed to me will be flushed down immediately into the earth. So be it. To Mother Earth, thank you for absorb-ing all psychic attacks and contami-nation directed to me. So be it. I decree that this psychic root and program will remain for seven days. So be it.

13) Only I can program, reprogram, and deprogram the shield. So be it.

14) To the Supreme Universal God, to my spiritual teachers, to all the spiritual teachers, holy masters, holy angels, all the saints, all the spiritual helpers,

all the great ones, and to my soul, I humbly in-voke for your divine love, divine mercy, divine healing, divine help and divine protection. Thank You for Your healing and purifying energies. Thank You for Your divine healing and pro-tection. With thanks and in full faith. So be it.

15) The Lord is my shepherd, I shall not be in want. He makes me lie down in green pastures, he leads me beside quiet waters, he restores my soul. He guides me in paths of righteousness for his name's sake. Even though I walk through the valley of the shadow of death, I will fear no evil, for you are with me; your rod and your staff, they comfort me. You prepare a table before me in the presence of my enemies. You anoint my head with oil, my cup overflows. Surely goodness and love will follow me all the days of my life, and I will dwell in the house of the Lord forever.